학생이 질문하는
즐거운 수업 만들기

놀이편

학생이 질문하는
즐거운 수업 만들기 놀이편

2019년 5월 15일 초판 1쇄 발행
2024년 5월 31일 초판 4쇄 펴냄

지은이 정혜승·옥현진·서수현·김정영·전지영·조수현

책임편집 정세민
디자인 김진운
일러스트 전세진
본문조판 토비트
마케팅 김현주

펴낸이 윤철호
펴낸곳 (주)사회평론아카데미
등록번호 2013-000247(2013년 8월 23일)
전화 02-326-1545
팩스 02-326-1626
주소 03993 서울특별시 마포구 월드컵북로6길 56
이메일 academy@sapyoung.com
홈페이지 www.sapyoung.com

ISBN 979-11-89946-05-0 93370

학생이 질문하는
즐거운 수업 만들기

놀이편

정혜승 · 옥현진 · 서수현 · 김정영 · 전지영 · 조수현 지음

사회평론아카데미

책을 내면서

"이거 답이 뭐예요?"
"지금 화장실 가도 돼요?"
"선생님, 지금 뭐 할 거예요?"

선생님이라면 듣게 되는, 학생들이 종종 하는 질문들입니다. 학생들은 선생님에게 적극적으로 질문을 하지도 않지만, 질문을 하더라도 학생 질문의 대부분은 이처럼 교사에게서 정답이나 활동 방법을 확인하거나 행동을 허락받기 위한 것입니다. 저희는 학생들이

"이 시에 나오는 아이의 마음은 어떨까요?"
"글쓴이는 왜 제목을 이렇게 지었을까요?"
"나라면 어떻게 동물들을 구할 수 있었을까요?"
"돌고래와 돌고래를 잡는 사람들이 같이 잘 사는 방법은 없을까요?"

와 같이 읽은 것에 대해 더 꼼꼼히 생각하고, 하나하나 비판적으로 따져 보며, 교과서에서 배운 것을 자신 및 교과서 밖의 삶과 연결하고, 세상을 이해하고 더 좋게 바꾸는 데 필요한 질문을 할 수 있기를 원합니다. 그런 마음에도 불구하고 정작 어떻게 학생들이 의미 있는 질문을 하도록 도울 수 있을지 쉽게 답이 떠오르지 않습니다.

동서고금을 막론하고 가장 좋은 수업이란 질문과 그에 대한 답으로 이어지는 수업이라고 여겨져 왔습니다. 질문의 교육적 가치는 두말할 필요가 없을 정도입니다. 그런데 왜 질문의 중요성에 대해서는 모두 공감하면서도 정작 질문을 하는 방법을 물으면 선뜻 대답하지 못하는 것일까요? 어쩌면 우리는 질문에 대해, 특히 학생 질문에 대해 그리고 학생들이 질문을 잘하도록 돕는 방법에 대해 깊이 생각하고 고민한 경험이 없었던 것은 아닐까요? 이 책은 이러한 문제의식에서 시작되었습니다.

'어떻게 하면 학생들이 보다 적극적으로 질문을 할 수 있을까?'
'어떻게 하면 학생들이 좀 더 즐겁고 쉽게 질문을 만들 수 있을까?'
'어떻게 하면 학생들이 보다 깊이 있는 배움에 이르는 질문을 할 수 있을까?'

그 답으로 이 책은 질문을 놀이로 접근하는 여러 가지 방법을 소개하고 있습니다. 즐겁게 질문을 만들 수 있도록 돕는 놀이, 질문의 가치와 중요성을 알 수 있도록 돕는 놀이, 친구의 질문을 잘 듣고 친구의 마음을 살필 수 있도록 돕는 질문 놀이 등, 이 책에서 제안하는 모든 질문 놀이는 어떻게 하면 학생들이 질문과 친해지고 질문 활동에 즐겨 참여할 수 있을지 고민한 결과물입니다.

그 고민과 노력이 헛되지 않았는지 이 책에 담긴 놀이로 수업을 함께한 학생들이 가장 많이 이야기한 것은 질문에 대해 공부했는데 토의한 것 같다는 말이었습니다. 질문이 '스스로 이야기를 하고, 다른 친구들의 이야기를 듣는 출발점이 될 수 있겠구나.'라는 생각이 들었습니다. 교사가 혼자 이끌어 가는 수업이 아니라 교사와 학생이 함께 만들어 가는 수업의 가능성을 보았습니다. 그리고 왜 질문이 필요한지, 질문을 어떻게 하면 좋을지, 질문하는 문화는 어떻게 만들 수 있을지 고민하고, 그러한 고민을 수업으로 실천하면서 학생이 만들어 내는 질문은 그 자체로도 가치 있는 보물이라는 생각이 들었습니다.

물론 맨 처음 질문 놀이를 적용하여 수업을 할 때에는 저희 역시 두려움이 앞섰습니다.

'수업에서 이 놀이가 될까?'
'학생들이 질문을 잘 만들 수 있을까?'
'괜히 수업 시간만 잡아먹는 것 아닌가?'

하는 걱정에 많이 주저하고 망설였습니다. 하지만 학생들은 저희보다 용감했고, 스스럼이 없었습니다. 질문을 만드는 것도, 놀이를 하는 것도 평소에 하는 수업 활동처럼 생각하고 임했습니다. 단순히 놀이로만 그치는 것이 아니라 질문을 하면서 자료를 꼼꼼히 읽기도 하고 나와 친구의 생각은 어떻게 다른지 비교해 보기도 하는 대견한 모습을 보여 주었습니다. 특히, 성적이 낮아 자존감마저 떨어진 학생이 주저하지 않고 질문을 써 나가는 모습은 저자들의 가슴을 뛰게 했습니다. 답을 하라고 했으면 그 학생이 과연 그렇게 쓸 수 있었을까 하는 생각이 듭니다. 이 글을 읽는 독자 선생님께서도 저희처럼

"학생들이 하는 질문에 내가 답을 못하면 어쩌지?"
"학생들이 엉뚱한 질문을 하면 수업이 산으로 가는 거 아냐?"
"학생들에게 질문할 시간을 주는 게 귀한 수업 시간을 낭비하는 게 아닐까?"

하고 걱정하실 수 있을 겁니다. 그러나 학생들은 교사가 생각하는 것보다 훨씬 똑똑하고 기발하고 창의적입니다. 학생들의 질문을 보면 알 수 있습니다. 또한 처음 얼마 동안은 수업 시간을 헛되이 보내는 것처럼 생각이 들더라도 점차 학생들이 스스로 의미 있는 질문을 하고, 토의를 하고, 답을 찾으려고 노력하는 모습을 보면서 보람을 느끼실 수 있을 겁니다.

'교사는 매일 실패하는 사람이다.'라는 말이 있습니다. '실패'를 두려워 마시고 학생들에게 질문할 기회를 주시기를 부탁드립니다. 그리하여 선생님께서 만나는 학생 모두가 활기차게 질문하고 탐구하는 경험을 하며 성장할 수 있기를 바랍니다.

질문 수업을 함께해 준 학생들에게 감사의 마음을 전하며
정혜승, 옥현진, 서수현, 김정영, 전지영, 조수현

차례

Part 3

물음표를 만들어요

이 책의 구성과 사용 방법

▼ 물음표와 만나요

날아라, 질문!

여러 가지 이유로 많은 학생들이 좀처럼 질문을 하지 않습니다. '날아라, 질문!'은 종이비행기에 질문을 써서 날린 다음 친구의 종이비행기를 골라서 질문을 발표하고 서로 답하는 놀이입니다. 종이비행기를 접어 날리는 놀이와 질문을 연결한 활동을 통해 평소에 손을 드는 순간 혹은 발언하는 순간 자신에게 쏟아지는 관심이 부담스러웠던 소심한 학생들도 즐겁게 질문을 만들 수 있습니다.

놀이 소개

놀이의 의의와 가치, 놀이의 필요성과 놀이를 하는 방법, 놀이를 하고 난 후 달라질 학생들의 모습 등을 간략히 소개하고 있습니다.
놀이에 대한 개략적인 설명과 놀이를 쉽게 떠올릴 수 있는 사진을 제시하고 있어 어떤 놀이인지 미리 살펴볼 수 있습니다.

이렇게 해요

1 질문 만들기 · 글이나 자료를 읽기 전이나 읽는 중, 또는 읽은 후에 생긴 질문을 떠오르는 대로 적는다.

2 종이비행기 접기 · 적은 질문 중에서 친구들과 함께 답을 찾거나 생각해 보고 싶은 질문을 종이에 옮겨 쓴 후 종이비행기를 접는다.

3 종이비행기를 접어 날리기 · 질문을 쓴 종이비행기를 가지고 둥그렇게 모여 선다.
· 종이비행기를 질문바구니를 향해 날린다.

이렇게 해요

놀이의 지도 절차가 제시되어 있습니다. 왼쪽에 놀이의 진행 단계가 차례대로 제시되어 있고, 각 단계의 구체적인 설명은 오른쪽에 나와 있습니다. 여기에 제시된 지도 절차는 고정된 것이 아니며, 교사의 교육 철학과 학생들의 특성, 수업 자료의 성격에 따라 지도 절차 및 적용 방법은 얼마든지 달라질 수 있습니다.
놀이의 전체적인 흐름을 살펴볼 때는 왼쪽의 작은 제목들을 보면 되고, 놀이에 대해 세부적으로 알고 싶을 때는 오른쪽의 설명과 사진을 참고하면 됩니다.

이렇게 했어요

■ 1학년 학생들과 함께 '가족' 단원을 공부하면서 가족이라는 주제에 대하여 궁금한 점을 '날아라, 질문!' 놀이로 진행하였습니다. 학생들이 친구들과 즐겁게 질문하고 답하는 모습을 보면서 이 놀이가 질문에 대한 학생들의 부담을 줄여준다는 것을 알 수 있었습니다. 가족에 대해 학생들은 다음과 같은 질문을 만들었습니다.

"엄마는 동생을 왜 낳았을까?"
"엄마, 아빠는 언제 결혼했을까?"
"내가 고모가 되려면 어떻게 해야 하지?"
"엄마, 아빠는 어렸을 때 어떻게 놀았을까?"
"엄마, 아빠는 어렸을 때 어떻게 생겼을까?"
"아빠는 어렸을 때 어떤 가족들과 살았을까?"
"엄마는 어렸을 때 외할머니한테 많이 혼났을까?"

이렇게 했어요

학생들이 놀이를 하면서 만든 질문과 활동 결과물이 제시되어 있습니다. 그리고 각 놀이를 어떻게 활용하였는지 구체적인 방법을 알 수 있습니다.
어떤 교과, 어떤 학습목표를 몇 학년 학생들에게 적용하여 활동하였는지 알 수 있기 때문에 학생 수준과 학습의 성격을 고려하여 놀이를 활용하실 때 참고할 수 있습니다.

이럴 때는 이렇게

이럴 때는 이렇게

- 의도적으로 종이비행기를 질문바구니에 넣지 않을 때 소심한 학생들은 자신의 질문이 선택되지 않았으면 하는 마음에서 의도적으로 종이비행기를 질문바구니에 넣지 않는 경우도 있습니다. 놀이 중간 중간에 학생들에게 질문바구니에 들어가지 않은 종이비행기도 고르도록 하여 이런 학생들이 만든 질문에 대해서도 함께 질문하고 답하는 기회를 갖도록 합니다.

- 종이비행기 하나에 여러 가지 질문을 쓸 때 하나의 종이비행기에 하나의 질문을 쓰는 것이 좋지만, 여러 개의 질문을 쓸 경우에는 질문을 쓴 후 가장 궁금한 질문에 ☆, √ 등으로 표시하여 어떤 질문에 답할지 알 수 있게 합니다.

교사가 놀이를 진행하면서, 학생들이 놀이를 수행하면서 발생하는 크고 작은 **문제점에 대한 대처 방법**이 제시되어 있습니다. 또한 놀이를 좀 더 효과적으로 할 수 있는 방안이나 주의할 점도 함께 제시되어 있습니다.
놀이를 하면서 생각대로 진행이 잘 되지 않을 때는 이 부분을 찾아보며 도움을 받을 수 있습니다

이렇게도 할 수 있어요

이렇게도 할 수 있어요

- 비행기를 만드는 것을 어려워하거나 시간이 오래 걸리면 종이를 뭉쳐서 공처럼 만든 다음 던진 뒤, 자기 주변에 떨어진 종이 뭉치의 질문을 읽고 답하는 활동을 할 수 있습니다.

- 친교 활동의 일환으로 다음과 같은 활동을 할 수도 있습니다. 우선, 친구에 대하여 궁금한 점을 종이에 적고 비행기로 접어 교실 아무 곳에나 날립니다. 자기 주변에 떨어진 비행기의 질문과 그에 대한 답을 친구들 앞에서 발표합니다. 단, 친구를 곤란하게 하는 질문은 하지 않도록 사전에 약속합니다.

학생들의 수준 및 특성, 학습 자료의 성격에 따라 **놀이를 변형하여 진행할 수 있는 방법**을 소개하고 있습니다.
제시된 놀이 외에 좀 더 다른 활동을 하고 싶을 때 참고할 수 있습니다.

학생들의 활동 소감

학생들의 활동 소감

"어떤 질문은 질문이라기보다 뭘 확인하려고 묻는 것 같다."
"나도 살이 찌고 싶은데 친구들이 뭉무게를 물어보면 기분이 나쁘다."
"듣기 좋은 질문과 듣기 싶은 질문이 있는데, 듣기 좋은 질문을 더 많이 해야겠다."
"내가 학습지를 자꾸 밀려서 엄마가 나에게 학습지 풀었냐고 질문을 많이 하는 것 같다."
"질문을 페소에 많이 듣는 것 같은데, 주로 부탁하는 말이나 뭘 했는지 확인하는 말인 것을 알았다."

직접 수업에 참여한 **학생들이 놀이를 하고 나서 느낀 점, 새로 알게 된 점** 등에 대해 이야기를 나눈 부분으로 놀이의 의의와 가치를 알 수 있습니다. 놀이 후 학생들의 변화된 모습을 살펴볼 때 활용하면 좋습니다.

◣ Part 1

왜 물음표인가요

01

질문이 필요한 까닭은
무엇인가요

학생이 질문을 통해 스스로 배우려는 의지를 가지고
적극적으로 답을 찾으면서
세상을 이해하고 발전해 가는 존재로
성장하기를 바라기 때문입니다.

질문은 그냥 모르는 것을 물어보는 것이 아닙니다. 질문은 배움을 위한 첫걸음이자, 배움을 가능하게 하는 중핵적 요소입니다. 배움의 과정을 보여 주는 그림을 함께 볼까요?

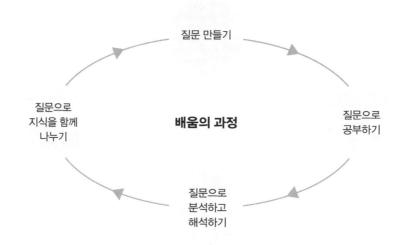

배움의 과정은 무언가에 대해 질문을 하면서 시작됩니다. 그리고 그 질문에 답을 찾기 위해 여러 가지 자료를 읽어 가면서 배움은 점차 깊어집니다. 질문으로 공부하는 배움의 경험은 질문으로 대상을 관찰하거나 분석하고 해석하는 과정으로 이어집니다. 그리고 자신이 배운 결과를 다른 사람들과 함께 나누는 데까지 나아가게 됩니다. 이러한 배움의 과정은 다시 무언가에 대한 질문을 불러일으키게 되며 또 다른 배움의 과정으로 이어지게 되지요. 이는 질문을 통한 배움의 과정이 탐구의 과정을 의미하고 있음을 보여 줍니다. 이처럼 질문은 탐구를 촉발하는 첫걸음이자, 탐구의 전 과정에 관여하는 핵심적인 요소입니다.

　학생이 지식을 탐구하는 과정을 실질적으로 경험하고 익히기 위해 질문은 그 무엇보다 필요합니다. 학생이 생각하여 스스로 질문을 만들고 이를 다른 사람들과 공유할 수 있을 때에 학생의 생각과 경험, 그리고 지식은 깊어지고 넓어지기 때문이지요.

02

왜 질문을 가르쳐야 할까요

교사가 질문을 하라고 해도 많은 학생들은 좀처럼 질문을 하지 않습니다. 이처럼 학생이 질문을 하지 않는 이유는 무엇일까요? 학생들은 질문이 어려운 것이라고 생각해서, 자신의 질문이 정말 필요하고 중요한 것인지 의심스러워서 질문을 하지 않을 수 있습니다. 또, 질문을 하는 방법을 몰라서 질문을 하지 못할 수도 있습니다. 그리고 자신이 던진 질문이 자신을 되돌아보고, 사람들의 다양한 생각에 공감하며, 학습한 내용을 이해하는 데 도움이 된다는 것을 경험한 적이 없어 질문하기를 주저할 수도 있습니다. 질문을 하지 않는 이유는 여러 가지가 있겠지만, 일단 학생이 교실에서 좀처럼 질문을 하지 않는다는 현상은 분명합니다. 그렇다면 학생들에게 질문을 하라고 권하기만 할 것이 아니라 질문을 하는 방법을 알려 주는 것이 필요하지 않을까요?

학생들은 낮은 수준의 단순한 질문을 하는 경우가 많습니다. 그래서 학생의 배움을 이끄는 의미 있는 질문, 학생들이 보다 깊이 생각하고 성찰할 수 있는 질문을 하도록 지도할 필요가 있습니다.

"임진왜란이 몇 년도에 일어났어요?", "쟁점이 무슨 뜻이에요?"와 같이 학생들은 단순한 사실을 확인하는 질문을 하거나 모르는 낱말의 뜻을 물어보는 질문을 종종 하곤 합니다. 그러나 그 질문으로 충분할까요? 학생들이 보다 깊이 배우고 더 높은 수준의 사고에 도달할 수 있는 질문을 하기 바란다면, 우리가 그러한 질문을 할 수 있도록 도와주어야 하지 않을까요?

학생들이 질문하는 방법을 배움으로써
교실은 질문으로 가득 찬 공간이 되고,
이러한 교실 문화 속에서 학생들은 스스로
탐구의 주인공이 될 수 있습니다.

학생들이 만든 질문은 서로를 보고 배울 수 있도록 도와주는 디딤돌이 됩니다. 선생님과 학생들이 함께 만든 질문, 학생들이 서로 도우며 함께 만든 질문을 먼저 보여 주세요. 서로의 질문으로 가득 찬 교실 속에서 학생들은 다른 사람들의 질문을 보고 생각하며 성장할 수 있습니다.

학생들이 만든 질문에 대해 함께 생각하는 과정은 지식을 만들어 가는 발판이 됩니다. 자신이 만든 질문과 다른 사람이 만든 질문이 어떤 의미를 가지고 있는지, 그리고 이를 해결하기 위한 방법은 무엇인지, 학생들의 질문을 같이 고민해 주세요. 이러한 시간을 통해 학생들은 지식을 함께 만들어 가는 경험을 하게 됩니다.

03

학생이 질문을 잘하게 하려면
무엇을 가르쳐야 할까요

'물고기 한 마리를 주면 그를 하루 동안 배부르게 할 수 있을 것이다. 그러나 그에게 물고기 낚는 법을 가르치라. 그리하면 그의 평생을 배부르게 할 것이다.'라는 말이 있습니다. 지식을 그대로 전해 주기보다 지식을 만들어 내는 방법을 알려 주는 것이 중요함을 뜻하는 말이지요. 이는 질문을 가르치는 장면에서도 적용되는 말입니다. 학생이 질문을 잘하게 하려면, 학생에게 스스로 질문을 만들어 낼 수 있는 방법을 가르쳐 주어야 합니다.

그러나 학생이 스스로 질문을 만들어 내는 것은 쉽지 않습니다. 질문은 문장에 물음표를 붙이기만 한다고 저절로 만들어지는 것이 아니기 때문입니다. 그래서 선생님과 함께 질문하는 방법을 배우는 과정이 필요하지요. 이제 학생을 질문으로 이끌어 주기 위해 학생들에게 무엇을 가르쳐야 할지 살펴볼까요?

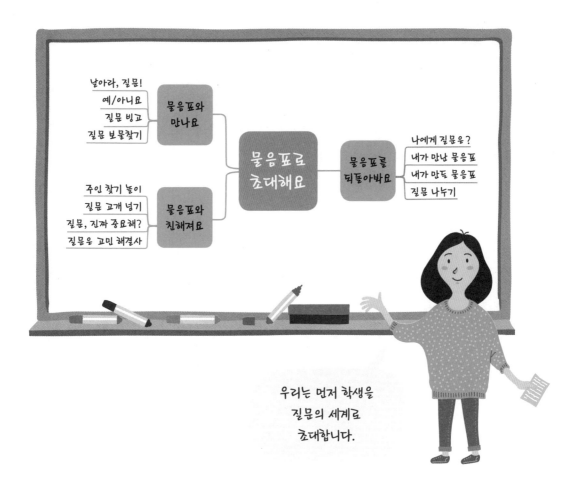

우리는 먼저 학생을
질문의 세계로
초대합니다.

　　2부 '물음표로 초대해요'는 '물음표와 만나요', '물음표와 친해져요', '물음
표를 되돌아봐요'로 구성되어 있습니다. 학생들은 '물음표와 만나요'를 통해 질문에 친숙해지고 '물음표와 친해져요'를 통해 질문의 가치와 중요성을 이해할 수 있습니다. 그리고 '물음표를 되돌아봐요'를 통해 자신이나 주변의 사람들이 하는 질문을 생각하고 판단할 수 있게 됩니다. 여기에 제시된 놀이들은 질문하기를 어렵게 느끼는 학생에게는 질문과 거리를 좁힐 수 있도록, 질문을 왜 해야 하는지 모르는 학생에게는 질문이 중요한 것이라고 생각할 수 있도록 도와줍니다.

질문 달기기
질문 이어달리기
질문 디딤돌
질문 낚시 놀이
'만약에'
질문 광개토대왕
질문 1,2,3,4
거꾸로 심자말풀이

생각에
물음표를
달아요

물음표를
만들어요

물음표의
무게를
생각해요

질문 요술 램프
질문 과녁 맞히기
질문 피라미드
가장 재미있는 질문은?

물음표를
소중히
여겨요

질문 귓속말
질문 공 던지기
알·올챙이·개구리
궁금이와 친구들

이제 학생들이
본격적으로 질문을
만들어 봅니다.

3부 '물음표를 만들어요'는 '생각에 물음표를 달아요', '물음표의 무게를 생각해요', '물음표를 소중히 여겨요'로 구성되어 있습니다. 학생들은 '생각에 물음표를 달아요'를 통해 다양한 방식으로 질문을 만들고, '물음표의 무게를 생각해요'를 통해 질문의 중요도를 판단할 수 있게 됩니다. 그리고 '물음표를 소중히 여겨요'를 통해 질문을 만드는 과정에서 질문을 중요하게 여기는 태도를 기를 수 있습니다. 자신의 생각에 물음표를 달아보는 놀이를 하면서 학생들은 생각이 넓어지고 깊어지는 경험을 하게 됩니다. 학생들은 다양한 방법으로 질문을 만들면서 더 중요한 질문은 무엇인지, 더 재미있는 질문은 무엇인지 친구들과 함께 고민해 보기도 합니다. 그리고 자신이 만든 질문, 다른 친구들이 만든 질문을 중요하게 여기고, 질문으로 함께 공부하는 즐거움을 느끼게 됩니다.

물음표로 나를 돌아보아요
- 마음을 만나요
- 나를 맞춰 봐!
- 나는? 나는!
- 질문하는 유튜버

물음표로 다르게 보아요
- 백 개의 질문
- 질문으로 따져 보기
- 질문 꼬리 달기
- 질문 딱지놀이
- 네 생각이 궁금해!

학생들은 질문을 통해
자기 자신과 세상을
살펴볼 수 있습니다.

4부 '물음표로 깊고 넓게 살펴요'는 '물음표로 나를 돌아보아요', '물음표로 다르게 보아요'로 구성되어 있습니다. 학생들은 '물음표로 나를 돌아보아요'를 통해 질문으로 자신의 성격이나 가치관을 성찰할 수 있으며, '물음표로 다르게 보아요'를 통해 여러 질문으로 사람들의 다양한 생각을 이해할 수 있게 됩니다. 학생들이 일상생활에서 만나는 질문은 자신의 삶과 주변 사람들의 생각을 들여다보는 거울이 될 수 있습니다. 여기에 제시된 놀이를 하면서, 학생들은 자신을 깊이 있게 돌아보고 사람들의 생각이 서로 다름을 이해하여 더 넓은 세상을 만날 수 있게 됩니다.

교실 기자단: 국어

우리는 도시공학자: 사회

질문으로 가치 깨기: 도덕

질문에 질문 더하기: 수학

질문쟁이 과학자: 과학

물음표로
배워요

식습관 지킴이: 실과

게임의 재구성: 체육

이 순간의 음악 찾기: 음악

그림 속 물음표: 미술

질문 열 고개: 영어

학생들은 질문을 활용하여
학습하는 방법을
경험합니다.

5부 '물음표로 배워요'는 질문을 활용하여 교과 학습을 즐겁게 경험할 수 있는 놀이로 구성되어 있습니다. 질문으로 교과 학습을 하면서 학생들은 딱딱하게만 느껴졌던 공부를 더욱 재미있게 하는 방법이 있다는 것을 알게 됩니다. 학생들은 그림을 보고 질문을 떠올리거나 만화 영화의 한 장면을 보고 질문을 하면서 그 장면에 어울리는 음악을 찾아보는 경험을 하기도 합니다. 질문을 만들면서 기자나 과학자가 던질 수 있는 질문을 해 보기도 하고, 가상의 도시를 만들어 보기도 합니다. 그리고 당연하다고 생각했던 규칙이나 가치에 대해 질문을 하면서 이를 되돌아보는 경험을 하기도 합니다. 또한 어렵게만 느껴졌던 수학이나 영어도 질문과 함께 한다면 그리 어렵지 않다는 것을 알게 됩니다. 이 활동을 통하여 학생들은 질문이 교과 학습에 얼마나 유용한 도구인지 깨닫는 소중한 경험을 할 수 있을 것입니다.

04

질문하는 문화,
어떻게 만들까요

초등학교 저학년 교실을 떠올려 봅시다. 학생들은 질문을 꽤 많이 합니다. 그러나 고학년으로 갈수록 학생들은 좀처럼 입을 열지 않습니다. 궁금한 것이 있어도, 탐구하고 싶은 것이 있어도, 자기 혼자 생각하고 그치고 말죠. 어느새 질문을 하는 일이 자신이 모른다는 것을 드러내는 부끄러운 일이라고 여기게 됩니다. 학생들이 자신이 만든 질문을 부끄러워하지 않고 스스럼없이 교실 구성원들과 나눌 수 있도록 하기 위해서는 교실 공간을 변화시킬 필요가 있습니다. 학생들이 스스로에게 질문을 하고, 서로에게 질문하고, 친구의 답을 듣고 생각의 지평을 넓힐 수 있도록 돕기 위해 우리는 어떤 교실 공간을 만들어 가야 할까요?

질문으로 가득 찬 교실은
선생님과 학생들이 함께 만들어 갈 수 있습니다.

선생님께서는 먼저 학생이 질문을 했다는 것, 그 자체를 의미 있게 받아들여 주세요. 그리고 학생의 질문에 대해 긍정적이고 적극적인 반응을 보여 주십시오. 학생의 질문을 향한 선생님의 열린 마음은 질문으로 가득 찬 교실을 만들기 위한 첫걸음이 됩니다.

자유롭게 탐구하고 토론할 수 있도록
학생 질문은 교실에서 살아 있어야 합니다.

학생들은 자신의 질문을 하찮은 것으로 여기며 질문하기를 주저할 수도 있습니다. 그러나 질문에는 그 자체로 가치 있는 생각을 촉발할 수 있는 소중한 생각이 담겨 있습니다. 학생들이 자신의 질문을 솔직하게 말하여 가치 있는 생각을 발견하고 탐구할 수 있도록 도와주어야 합니다.

학생들이 질문을 통해 새로운 지식을 만들어 갈 수 있도록 학생의 질문에 대해 생산적인 논의를 나누는 분위기를 조성해 주세요. 학생의 질문에 대해 섣불리 평가하기보다는 학생의 질문을 신중하게 경청하고 검토해 주어야 합니다. 교실 구성원 모두가 서로의 질문을 귀 기울여 들을 때, 지식을 향한 학생들의 진지한 탐구가 이루어질 수 있습니다.

질문하는 문화는 '가르침'과 '배움'에 대한 선생님의 열린 마음이 있을 때 교실에 굳건하게 자리 잡을 수 있습니다. 수업은 선생님의 '가르침'에서 시작되어 학생의 '배움'에서 끝나는 일방적인 것이 아닙니다. 학생을 선생님과 함께 앎을 구성해 가는 존재로 생각해 주세요. 학생이 만든 질문을 토대로 서로 가르치고 배울 때에 학생이 경험하는 학습의 의미는 더욱 커질 수 있습니다.

이 책에서는 특히 질문을 교실에서 할 수 있는 놀이로 접근하고자 하였습니다. 이러한 질문 놀이는 학생들이 질문을 특별한 것이 아닌 일상에서 만날 수 있는 쉽고 재미있는 것으로 생각할 수 있도록 안내합니다. 학생들은 질문 놀이를 경험하면서 질문이 그리 어렵기만 한 것이 아님을 알게 되고, 질문과 친해지

게 될 것입니다. 그리고 점차 질문에 대해 깊이 있게 이해하게 될 것입니다.

　우리는 흔히 교실을 생태계에 비유합니다. 질문이 있는 교실 역시 하나의 작은 생태계가 될 수 있습니다. 건강한 생태계를 만들기 위해서는 이를 구성하는 다양한 존재들이 각자의 개성을 드러내면서도 서로 도움을 주고받기도 하면서 잘 자라나야 합니다. 마찬가지로, 질문이 있는 교실을 활기찬 작은 생태계로 만들기 위해서는 우선 학생이 자신의 생각과 감정을 보여 주는 질문을 만들 수 있게 해 주어야 합니다. 학생들의 질문은 다른 학생의 질문과 만나면서 더 커지기도 하고 더 꼼꼼해지기도 합니다. 이 과정을 통해 질문은 학생의 생각을 튼실하게 만들어 주는 든든한 도구로 교실의 중심에 자리하게 됩니다. 이것이 바로 질문의 생태계가 만들어지는 멋진 과정입니다.

　질문하는 문화가 있는 교실에서 수업이란 선생님과 학생들이 함께 만드는 것입니다. 이 책에서 소개하는 다양한 질문 놀이는 선생님과 학생들이 교실 수업 속에서 진정한 대화를 나눌 수 있게 하는 발판이 되어 줄 것입니다. 재미있는 질문 놀이를 활용하여 학생들이 활기찬 수업을 경험하고 깊고 넓게 세상을 탐구할 수 있는 교실을 만들어 가기를 바랍니다.

◣ Part 2

물음표로 초대해요

01

물음표와 만나요

질문과 거리 좁히기, 재미있게 질문 만들기

- 날아라, 질문!
- 예/아니요
- 질문 빙고
- 질문 보물찾기

날아라, 질문!

여러 가지 이유로 많은 학생들이 좀처럼 질문을 하지 않습니다. '날아라, 질문!'은 종이비행기에 질문을 써서 날린 다음 친구의 종이비행기를 골라서 질문을 발표하고 서로 답하는 놀이입니다. 종이비행기를 접어 날리는 놀이와 질문을 연결한 활동을 통해 평소에 손을 드는 순간 혹은 발언하는 순간 자신에게 쏟아지는 관심이 부담스러웠던 소심한 학생들도 즐겁게 질문을 만들 수 있습니다.

1 **질문 만들기** • 글이나 자료를 읽기 전이나 읽는 중, 또는 읽은 후에 생긴 질문을
떠오르는 대로 적는다.

2 **종이비행기** • 적은 질문 중에서 친구들과 함께 답을 찾거나 생각해 보고 싶은
접기   질문을 종이에 옮겨 쓴 후 종이비행기를 접는다.

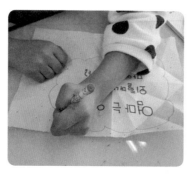 

3 **종이비행기** • 질문을 쓴 종이비행기를 가지고
날리기   동그랗게 모여 선다.

• 종이비행기를 질문바구니를 향해
날린다.

4 질문을 뽑아
함께 생각하기

- 먼저 질문하고 싶은 사람이 질문바구니에 들어간 종이비행기 중에서 하나를 고른다.

- 고른 종이비행기를 펼쳐서 질문을 확인하고 친구들에게 질문한다.

- 질문을 듣고 답을 하고 싶은 친구는 손을 들고 질문에 대한 답을 말한다.

- 질문바구니에 들어가지 않은 종이비행기 중에서도 몇 개를 골라 질문을 발표하고 함께 답을 생각해 본다.

5 질문 게시하기

- 답이 여러 개이거나 충분하게 답이 되지 않은 질문을 뽑는다.

- 뽑힌 질문이 잘 보이도록 교실에 게시하여 질문과 답에 대하여 지속적으로 생각해 본다.

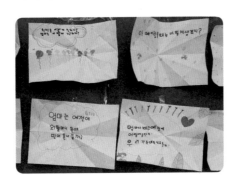

■ 1학년 학생들과 함께 '가족' 단원을 공부하면서 가족이라는 주제에 대하여 궁금한 점을 '날아라, 질문!' 놀이로 진행하였습니다. 학생들이 친구들과 즐겁게 질문하고 답하는 모습을 보면서 이 놀이가 질문에 대한 학생들의 부담을 줄여 준다는 것을 알 수 있었습니다. 가족에 대해 학생들은 다음과 같은 질문을 만들었습니다.

> "엄마는 동생을 왜 낳았을까?"
> "엄마, 아빠는 언제 결혼했을까?"
> "내가 고모가 되려면 어떻게 해야 하지?"
> "엄마, 아빠는 어렸을 때 어떻게 놀았을까?"
> "엄마, 아빠는 어렸을 때 어떻게 생겼을까?"
> "아빠는 어렸을 때 어떤 가족들과 살았을까?"
> "엄마는 어릴 때 외할머니한테 많이 혼났을까?"

■ 대체로 자신의 의견을 적극적으로 말하는 1학년이지만 이 놀이를 하면서 좀 더 적극적으로 질문을 만드는 모습을 볼 수 있었습니다. 놀이가 끝난 후에도 만든 질문들을 교실에 게시하여 공부하면서 계속 생각해 볼 수 있도록 하였습니다.

■ **의도적으로 종이비행기를 질문바구니에 넣지 않을 때** 소심한 학생들은 자신의 질문이 선택되지 않았으면 하는 마음에서 의도적으로 종이비행기를 질문바구니에 넣지 않는 경우도 있습니다. 놀이 중간중간에 학생들에게 질문바구니에 들어가지 않은 종이비행기도 고르도록 하여 이런 학생들이 만든 질문에도 함께 질문하고 답하는 기회를 갖도록 합니다.

■ **종이비행기 하나에 여러 가지 질문을 쓸 때** 하나의 종이비행기에 하나의 질문을 쓰는 것이 좋지만, 여러 개의 질문을 쓸 경우에는 가장 궁금한 질문에 ☆, ✓ 등으로 표시하여 종이비행기를 고른 친구들이 어떤 질문에 답해야 할지 알 수 있

게 합니다.

■ **질문에 바로 답하지 못할 때** 모든 질문에 바로 답할 필요는 없습니다. 바로 답하지 못한 질문은 교실에 게시하여 단원을 배우면서 그 질문에 대해 천천히 생각하며 답을 찾을 수 있습니다.

이렇게도 할 수 있어요

■ 비행기를 만드는 것을 어려워하거나 비행기를 접는 데 시간이 오래 걸리면 종이를 뭉쳐서 공처럼 만들어 던진 다음, 자기 주변에 떨어진 종이 뭉치의 질문을 읽고 답하는 활동을 할 수 있습니다.

■ 친교 활동의 일환으로 다음과 같은 활동을 할 수도 있습니다. 우선, 친구에 대하여 궁금한 점을 종이에 적고 비행기로 접어 교실 아무 곳에나 날립니다. 자기 주변에 떨어진 비행기의 질문과 그에 대한 답을 친구들 앞에서 발표합니다. 단, 친구를 곤란하게 하는 질문은 하지 않도록 사전에 약속합니다.

예/아니요

질문을 하라고 하면 학생들은 멋진 질문, 어려운 질문을 해야 한다고 생각하고 부담을 갖거나 질문하기를 주저합니다. '예/아니요' 놀이는 질문에 대한 답으로 '예' 혹은 '아니요' 중 한 가지만 정하여 그 대답이 나올 수 있는 질문을 하는 놀이입니다. 어떻게 질문을 해야 '예' 또는 '아니요'라는 답을 들을 수 있을지 생각해 보는 과정에서 엉뚱한 질문이 나올 수 있습니다. 훌륭하고 멋진 질문이 아니더라도 엉뚱하고 재미있는 질문을 하는 경험을 통해서 질문에 쉽게 다가갈 수 있습니다.

1 **예시 질문을 듣고 생각하기**

• 학교생활 중에서 무조건 '예'라고 답할 수 있는 질문의 예를 살펴본다.

　🔘 "우리는 초등학생이지?"

• 학교생활 중에서 무조건 '아니요'라고 답할 수 있는 질문의 예를 살펴본다.

　🔘 "어제 점심 급식에 라면이 나왔지?"

2 **짝이 '예'라고 답할 수 있는 질문하기**

• 일정한 수의 바둑돌을 똑같이 나누어 갖는다.

• 다 함께 이야기를 읽고 두 명이 짝이 된다. 이야기의 내용과 관련하여 한 명씩 번갈아 가면서 짝이 '예'라고 답할 수 있는 질문을 한다.

• 질문을 할 때마다 내가 가진 바둑돌을 짝에게 준다. 내 차례에 질문을 말하지 못하면 짝에게 바둑돌을 줄 수 없다.

　🔘 『해와 달이 된 오누이』를 읽고

　　"호랑이는 엄마의 옷을 가져갔지?"

　　"호랑이는 참기름을 바르고 나무에 올라가려고 했지?"

• 짝에게 바둑돌을 모두 주거나, 제한된 시간이 지나고 짝보다 바둑돌을 적게 가진 사람이 이긴다.

3 짝이 '아니요'라고
답할 수 있는
질문하기

- 이야기의 내용과 관련하여 한 명씩 번갈아 가면서 짝이 '아니요'라고 답할 수 있는 질문을 한다.

- 질문을 할 때마다 내가 가진 바둑돌을 짝에게 준다. 내 차례에 질문을 말하지 못하면 짝에게 바둑돌을 줄 수 없다.

  예 「해와 달이 된 오누이」를 읽고

  "동생이 호랑이를 삼켰지?"

  "남매가 우물 속으로 들어갔지?"

- 짝에게 바둑돌을 모두 주거나 제한된 시간이 지나고 짝보다 바둑돌을 적게 가진 사람이 이긴다.

■ 5학년 학생들은 이야기 『해와 달이 된 오누이』를 읽고 다음과 같이 질문을 만들었습니다.

> '예' 질문
> "호랑이가 엄마인 척 했지?"
> "호랑이는 엄마의 옷을 가져갔지?"
> "호랑이는 참기름을 바르고 올라갔지?"
> "엄마는 부잣집에서 일하고 돌아오는 길이었지?"
>
> '아니요' 질문
> "등장인물은 50명이 넘었지?"
> "남매가 우물 속으로 들어갔지?"
> "엄마가 호랑이 고기를 해 주었지?"
> "호랑이는 수수밭에 멋있게 착지했지?"

■ 자신이 하는 질문을 친구들이 어떻게 생각할지 걱정되어 평소에는 질문을 잘하지 않던 학생들도 '예/아니요' 놀이를 하면서 적극적으로 질문하는 모습을 볼 수 있었습니다. 질문하는 과정에서 엉뚱한 질문이 나와서 재미있어하기도 하였습니다.

■ 학생들이 질문을 잘 만들지 못할 때 이야기의 등장인물이나 이야기를 잘 알고 있는 사람에게 묻는다고 생각하고 질문을 만들도록 안내합니다. 또는 이야기에 나오는 사실들을 육하원칙(누가, 언제, 어디서, 무엇을, 어떻게, 왜)을 고려하여 떠올리게 합니다. 예를 들어, '호랑이는 어디서 나타났지?'를 생각한다면 "호랑이는 바닷가에서 나타났지?"와 같이 질문을 쉽게 만들 수 있을 것입니다.

■ 바둑돌이 없을 때 A4 종이를 길쭉하게 반으로 자르고 8등분하여 접은 다음 질문을 할 때마다 종이를 한 칸씩 찢어 버리면서 '예/아니요' 놀이를 할 수 있습니다. 놀이가 끝난 후 종이의 칸이 적게 남은 친구가 이깁니다.

■ '예' 질문의 내용을 그대로 '아니요' 질문에 말할 때 가령 '예' 질문에 했던 질문인 "호랑이가 엄마를 잡아먹었지?"를 내용은 바꾸지 않고 "호랑이가 엄마를 안 잡아먹었지?"와 같이 부정 질문으로 바꾸어 '아니요' 질문에 말하지 않도록 합니다. 놀이 시작 전에 학생들과 함께 '예' 질문과 '아니요' 질문의 내용은 다른 것으로 말하기로 약속합니다.

이렇게도 할 수 있어요

■ 놀이가 끝난 후 놀이를 하면서 만든 질문 중에서 재미있었거나 엉뚱했던 질문들을 골라서 반 친구들과 함께 이야기를 나누고 가장 엉뚱한 질문 뽑기를 할 수 있습니다.

■ '예/아니요' 질문 놀이를 활용하여 사회나 과학 수업에서 배운 내용을 확인할 수 있습니다. 예를 들어, 친구들과 함께 과학 시간에 배운 내용을 서로 확인하기 위하여 "태양계 행성 중에서 목성이 제일 크지?", "태양에서 제일 먼 행성은 토성이지?" 등과 같은 질문을 할 수 있습니다.

■ 쌓기 나무를 활용하여 놀이를 할 수도 있습니다. 친구의 질문에 정해진 답인 '예' 또는 '아니요'로 답을 하지 못할 때마다 또는 질문하는 사람이 질문을 만들지 못할 때마다 나무 조각을 하나씩 뺍니다. 그리고 쌓기 나무를 쓰러뜨린 사람이 놀이에서 집니다.

질문 빙고

학생들은 질문을 귀찮은 것, 또는 힘들고 어려운 것이라고 생각합니다. 이때 질문에 놀이를 더하면 학생들이 좀 더 재미있게 질문을 할 수 있습니다. '질문 빙고'는 학생들이 쉽게 할 수 있는 빙고 놀이에 질문을 접목한 것으로, 친구의 질문을 듣고 빙고 판에 친구가 말한 질문이 있으면 ×표시를 하면서 빙고 줄을 완성하는 놀이입니다. 빙고 놀이를 하고 싶은 마음에 즐겁게 질문을 만들고, 빙고 줄을 먼저 완성하기 위해 빙고 판에 있는 질문을 말하면서 자연스럽게 자신과 친구가 만든 질문을 다시 한 번 생각해 볼 수 있습니다.

1 질문 만들기
- 글을 읽고, 궁금한 점을 각자 질문으로 만든다.
  예 "애벌레들은 왜 꼭대기에 올라가려고 했을까?"
- 자신이 만든 질문과 모둠 친구들이 만든 질문을 살펴본다.

2 빙고 판에 질문 쓰기
- 모둠에서 모은 질문 중에서 좋은 질문이라고 생각하는 질문을 골라 각자의 빙고 판에 쓴다.
- 다른 사람들은 어떤 질문을 좋은 질문이라고 생각할지 염두에 두고 쓴다. 여러 사람이 좋은 질문이라고 생각하는 질문은 빙고 놀이에서 불릴 확률이 높고, 좋지 않은 질문이라고 생각한 질문은 불릴 확률이 낮다.

3 '질문 빙고' 놀이 하기
- 모둠의 첫 번째 사람부터 자신의 빙고 판에 있는 질문 중 한 가지를 골라 말한다.
- 모둠의 다른 친구들은 친구가 말한 질문을 자신의 빙고 판에서 찾아서 ×표시를 한다.
- 순서대로 돌아가며 자신의 빙고 판에 있는 질문을 말한다. 가장 먼저 빙고 줄을 완성하여 '빙고'라고 외친 친구가 승리한다.
- 몇 줄의 빙고 줄을 완성할지는 놀이를 시작하기 전에 모둠 친구들과 의논하여 결정한다.

| **4** | 최고의
질문 뽑기 | • 자신의 빙고 판에 있는 질문 중에서 자신이 생각하는 최고의 질문을
뽑아서 붙임 종이에 쓴다. |

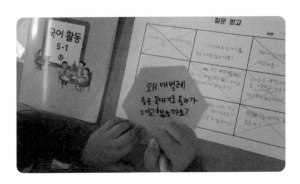

| **5** | 최고의 질문으로
이야기 나누기 | • 붙임 종이에 쓴 최고의 질문을 칠판에 붙인다.

• 붙임 종이에 쓴 질문 가운데 반 전체 친구들과 함께 이야기하고 싶은
질문을 골라서 친구들에게 질문하고 친구들의 답을 듣는다. |

■ 5학년 학생들과 함께 『꽃들에게 희망을』(트리나 폴러스 글)을 읽고 '질문 빙고' 놀이를 하였습니다. 학생들은 등장인물이 왜 그렇게 행동했는지, 작가가 무슨 의도로 이야기를 썼는지 등을 궁금해하며 다음과 같은 질문을 했습니다.

> "작가는 무슨 의도로 이 글을 썼을까?"
> "제목을 왜 '꽃들에게 희망을'이라고 했을까?"
> "애벌레들은 왜 꼭대기에 올라가려고 했을까?"
> "무엇을 위해 애벌레들은 그 기둥을 만들었을까?"
> "만약에 호랑 애벌레가 노랑 애벌레를 만나지 않았다면 어떻게 되었을까?"
> "노랑 애벌레랑 호랑 애벌레가 정상에 끝까지 올랐다면 어떻게 되었을까?"
> "호랑 애벌레는 왜 '그저 먹고 자라는 것만이 삶의 전부는 아닐 거야'라고 생각했을까?"

■ 빙고 판을 만들 때 학생들이 칸의 크기에 구애받지 않고 질문을 쓸 수 있도록 B4 또는 A3 정도 크기의 종이에 빙고 판을 그려서 나누어 주면 좋습니다. 또는 이러한 크기의 종이를 나누어 주고 학생들이 직접 9등분, 16등분으로 접어서 만들어진 칸에 질문을 쓰게 할 수 있습니다.

■ 빙고 줄의 모양을 ㄱ, ㄴ, ㄹ, H 등으로 다양하게 할 수 있습니다.

■ 학습 내용이나 학생들의 수준에 따라 빙고 판에 들어갈 칸의 수는 조절할 수 있습니다. 학생들이 빙고 판을 다 채우는 것을 어려워하면, 질문으로 빙고 판을 다 채우지 않고 3~4칸 정도는 숫자나 도형(○, △, □, ☆) 등으로 채워도 됩니다. 이 경우 숫자나 도형도 놀이를 할 때 부르도록 합니다.

질문 보물찾기

    학생들이 문제집이나 학습지로 문제를 반복해서 풀다 보면 단순한 문제에 대한 답은 할 수 있지만 개념이나 원리는 이해하지 못하는 경우가 많습니다. '질문 보물찾기'는 배운 내용 중에서 중요하다고 생각하는 내용을 질문으로 만들어 교실 곳곳에 숨긴 다음 보물을 찾듯이 질문을 찾아서 답을 하는 놀이입니다. 질문을 만드는 과정에서 개념이나 원리를 자신의 말로 정의하면서 배운 내용을 복습할 수 있습니다.

1 **학습을 돌아보며 질문 만들기**
- 공부를 하면서 중요하다고 생각했던 것을 질문으로 만든다.

2 **질문 검토하기**
- 만든 질문을 모둠 친구들과 돌려 보며 이해가 가지 않거나 분명하지 않아 답하기 어려운 질문이 없는지 서로 확인하고 수정한다.

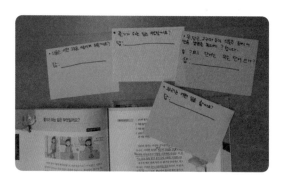

3 **질문 숨기기**
- 만든 질문을 선생님께 제출한다.
- 질문의 답을 확인해 주는 '정답 판정단'을 두세 명 뽑는다. '정답 판정단'은 교과서를 볼 수 있고, 정답인지 아닌지 판단하기 어려운 경우 선생님께 여쭤 볼 수도 있다.
- '정답 판정단'이 질문 종이를 교실 곳곳에 숨기는 동안 눈을 감고 기다리거나 잠시 복도에 나가서 기다린다.

4 **숨겨진 질문 찾기**
- 교실을 돌아다니며 '정답 판정단'이 숨긴 질문 종이를 찾는다.

5 **질문 읽고 답 말하기**
- 찾아낸 질문 종이를 들고 '정답 판정단'에게 가서 질문의 답을 말하고, 정답이면 자신이 찾은 질문 종이를 갖는다.

- 가장 많은 질문 종이를 가진 사람이나 모둠이 승리한다.

■ 5학년 학생들은 과학 시간에 '식물의 구조와 기능'을 배우고 '질문 보물찾기' 놀이를 하였습니다. 학생들은 질문을 만들기 위해 배운 내용을 꼼꼼하게 살펴 보고, 다양한 질문을 만든 후 어떤 질문이 쉽고 어려운지 생각해 보았습니다. 이 과정에서 학생들은 학습을 돌아보면서 자신이 어떤 개념이나 내용을 이해 하고 있는지 또는 어려워하는지를 확인할 수 있었습니다.

> 내용 이해 질문
> "뿌리의 기능 세 가지는 무엇일까요?"
> "단풍나무 열매는 어떻게 이동하나요?"
> "광학 현미경에서 빛의 양을 조절하기 위한 장치는 무엇인가요?"
> "수술에서 만들어진 꽃가루가 암술머리에 옮겨 붙는 것을 무엇이라고 하나요?"
> "잎에는 우리 눈에 보이지 않는 작은 구멍이 있는데 이를 무엇이라고 하나요?"
>
> 추론 질문
> "잎에서 녹말이 만들어졌는지 알아보기 위해서는 어떻게 할 수 있나요?"
> "헬리콥터의 프로펠러는 단풍나무 잎의 어떤 특성을 활용하여 만들었나요?"
> "흙 속의 물을 식물의 꼭대기까지 끌어 올리기 위해 뿌리와 줄기 외에 어떤 기관의 도움이 필요한가요?"
>
> 창의적 질문
> "뿌리가 없는 식물도 있을까요?"
> "식물이 없다면 어떤 일이 생길까요?"
> "수분을 도와주는 곤충이 없다면 어떤 일이 생길까요?"
> "동물도 식물처럼 광합성을 할 수 있다면 어떤 일이 생길까요?"

■ 질문의 개수를 정할 때 학생들이 만드는 질문의 개수는 학생들의 수준이나 학습 내용 및 수업 시간에 따라 조절할 수 있습니다.

■ **빈 칸 채우기 형식의 질문만 많이 만들 때** 교과 내용을 질문으로 만들게 하면 학생들이 빈 칸 채우기 형식으로 질문을 많이 만듭니다. 이 경우 객관식, 단답형, OX, 세 문장 이상으로 설명하게 하는 서술형 등 다양한 형식으로 질문을 만들도록 유도합니다.

■ **정답을 맞히지 못할 때** 질문 종이를 찾은 학생이 답을 하지 못하면 친구 찬스, 교과서 찬스, 선생님 찬스, 초성 힌트 찬스 등을 쓸 수 있습니다. 찬스 막대기가 든 통에서 뽑은 찬스를 활용하여 답을 하도록 합니다.

이렇게도 할 수 있어요

■ 질문 종이에 질문을 쓸 때 만든 사람의 이름을 적도록 하고, 질문 종이를 찾으면 질문을 만든 친구에게 가서 정답인지 아닌지 확인받는 방법으로 놀이를 진행할 수도 있습니다.

■ 질문에 대한 답을 말하고 진짜 보물을 찾는 놀이를 할 수도 있습니다. 학생들이 질문에 대한 답을 말하면 보물이 숨겨진 장소에 대한 힌트가 적힌 자음자나 모음자를 줍니다. 예를 들어, 보물이 숨겨진 장소가 '교탁 밑'이라면 ㄱ, ㅛ, ㅌ, ㅏ, ㄱ 등을 힌트로 줄 수 있습니다. 그러면 학생들은 자음자와 모음자를 조합하여 보물이 숨겨진 장소를 찾습니다.

■ 마무리 활동으로 학생들이 찾은 질문 종이를 모아서 학급 전체 골든벨 활동을 진행할 수 있습니다.

02

물음표와 친해져요

질문의 가치와 중요성 이해하기

- 주인 찾기 놀이
- 질문 고개 넘기
- 질문, 진짜 중요해?
- 질문은 고민 해결사

주인 찾기 놀이

어떻게 하면 친구에게 가까이 다가가고 친해질 수 있을까요? 소심한 친구들은 친구에게 다가가고 싶어도 어떻게 해야 할지 몰라서 망설이는 경우가 있습니다. 질문은 친구와의 소통이나 친교에 도움을 줄 수 있습니다. 친구가 소중히 여기는 물건에 대해 물어보는 것만으로도 친구와 친하게 지내는 계기가 될 수 있습니다. 이 놀이는 각자 소중하게 여기는 물건을 담은 '궁금 상자'에서 임의대로 물건을 골라 가진 다음, 물건의 주인이 누구인지 질문을 통해서 알아보는 놀이입니다. 질문을 하면서 평소 별로 친하지 않았던 친구에게 관심을 가지게 되고, 이미 친한 친구에 대해서도 좀 더 자세히 알 수 있습니다.

1 물건의 주인을
찾기 위해
어떤 질문을
하면 좋을지
생각하기

- 소중하게 여기는 물건을 담을 궁금 상자를 만든다.

- 어떤 질문을 해야 궁금 상자 속 물건의 주인을 쉽게 찾을 수 있을지
친구들과 이야기를 나눈다.

  예 "넌 소중하게 여기는 물건을 주로 언제 쓰니?"

  "네가 소중하게 여기는 물건은 무슨 색깔이야?"

  "넌 왜 이 물건을 좋아해?"

2 궁금 상자에
물건 넣기

- 자신이 소중하게 여기는 물건을 다른 친구들이 볼 수 없도록 종이에
싸서 궁금 상자에 넣는다.

3 궁금 상자에서
물건 뽑기

- 궁금 상자에 손을 넣어 한 가지 물건을 뽑는다. 이때 궁금 상자 안은
들여다보지 않는다.

4 물건의 주인을
찾기 위한
질문하기

- 음악에 맞추어 교실을 돌아다니다가 음악이 멈추면 가장 가까운
곳에 있는 친구와 가위·바위·보를 하여 이긴 사람이 먼저 질문한다.

- 정해진 시간 동안 지금 만난 친구가 물건의 주인인지 알아보기 위해 다양한 질문을 한다. 물건의 주인을 찾았다고 생각하더라도 정해진 시간이 지나기 전까지는 계속 질문한다.
- 정해진 시간이 지나면 음악에 맞추어 교실을 돌아다니며 새로운 친구를 만나 다시 질문한다.

5 자신이 생각한 물건의 주인 발표하기
- 놀이가 끝난 후 자신이 가진 물건의 주인이라고 생각하는 사람과 그렇게 생각하는 이유를 말한다.
- 물건의 진짜 주인이 일어나서 왜 그 물건이 소중한지 이야기한다.
- 릴레이 형식으로, 일어난 친구가 다시 자신이 가진 물건의 주인이 누구라고 생각하는지 그 이유와 함께 발표한다.

6 활동 되돌아보기
- 놀이가 끝난 후 어떤 질문을 했는지, 어떤 질문이 주인을 찾는 데 도움이 되었는지 이야기를 나눈다.
- 활동 후 느낀 점이나 알게 된 점에 대해 이야기를 나눈다.

■ 1학년 학생들은 국어 시간에 대상을 설명하는 방법을 배우면서 물건의 주인을 찾기 위해 물건의 특징을 알 수 있는 질문을 하거나 물건의 쓰임을 물어보았습니다. 왜 그 물건을 소중하게 여기는지 물어보기도 하였습니다.

> "무슨 색깔이야?"
> "무슨 모양이야?"
> "언제 쓰는 거야?"
> "흔들면 소리가 나니?"
> "만지면 어떤 느낌이 들어?"
> "어떻게 이 물건을 가지게 된 거야?"
> "네가 이 물건을 소중하게 여기는 이유는 뭐야?"

■ 학생들은 자신이 소중하게 여기는 물건에 대해 친구들이 물어봐 주는 것이 자신에게 관심을 보이는 것이라고 여겨 좋아했습니다.

■ **자신의 물건이라고 이야기하려고 할 때** 놀이를 시작하기도 전에 자기 물건이라고 알려 주고 싶어 하는 학생들이 많습니다. 이는 그만큼 자신에 대해 알려 주고 싶은 마음이 크다는 의미일 수도 있습니다. 놀이가 끝난 후에 자신의 물건이라고 밝혀야 함을 강조하고 놀이를 시작하는 것이 좋습니다.

■ **직접적으로 물건의 주인이냐고 물어볼 때** 어떻게 물어봐야 할지 몰라서 "이게 네 거야?"라고 물어보는 경우가 있습니다. 어떻게 질문을 하면 물건의 주인을 찾을 수 있을지 충분히 생각한 후 활동을 하는 것이 좋습니다. 시각, 미각, 후각, 청각, 촉각 등 오감을 활용하여 물건의 모양, 촉감 등에 대한 질문을 만드는 것도 도움이 될 수 있습니다.

■ **물건을 가져오지 못하는 상황인 경우** 학생들이 집에서 물건을 가져오는 것이 어려울 경우도 있습니다. 그럴 때에는 종이에 소중하게 여기는 물건의 이름을 쓰거나 그림으로 그려서 활동을 할 수도 있습니다.

이렇게도 할 수 있어요

■ 이 놀이는 '설명하는 글쓰기' 등에도 응용할 수 있습니다. 놀이를 하면서 답했던 내용을 바탕으로 내가 소중히 여기는 물건에 대하여 소개하는 글을 쓸 수 있습니다.

■ 여러 가지 글(나의 꿈, 내가 좋아하는 것, 내가 싫어하는 것, 인상 깊었던 여행지 등)을 쓴 다음, 친구의 글을 읽고 질문을 통해 글을 쓴 친구를 찾는 활동을 할 수 있습니다. 이때는 글씨체를 통해 글을 쓴 친구를 추측할 수 없도록 컴퓨터로 글을 쓰는 것이 좋습니다.

질문 고개 넘기

학생들에게 어떤 주제나 낱말의 뜻에 대하여 설명해 보라고 하면 잘 말하지 못하는 경우를 자주 볼 수 있습니다. '질문 고개 넘기' 놀이는 친구에게 질문하여 내 등에 붙은 단어를 맞히는 놀이입니다. 이 놀이는 학생들이 단어의 개념을 이해하고 정리하는 데 도움을 줄 수 있습니다. 또한 질문을 하면서 학생들은 자신이 그 개념에 대해서 얼마나 알고 있는지, 그 개념의 특성은 무엇인지 명확하게 짚고 넘어갈 수 있습니다.

1 **등에 붙일**
단어 찾기

• 제시된 주제와 관련하여 자신이 생각하는 중요한 단어를 발표하거나 칠판에 쓴다.

  예 도덕: 공동체 생활 속에서 지켜야 할 미덕이나 가치('겸손')

   사회·과학: 한 차시나 한 단원 학습이 끝난 후 핵심 개념을 담고 있다고 생각하는 단어('영토')

   국어: 재미있게 읽은 책 제목이나 이야기 등장인물의 이름('흥부')

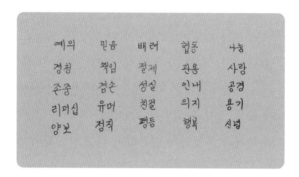

2 **짝의 등에**
단어 붙이기

• 칠판에 쓴 단어 중에 한 개를 골라 라벨 종이에 옮겨 쓴 다음 짝의 등에 붙인다. 이때, 친구가 내 등에 붙일 단어를 보지 않도록 한다.

3 **내 등에 붙은**
단어를 맞히기
위해 질문하기

• 자신의 등 뒤에 붙은 단어를 맞히기 위해 어떤 질문을 하면 좋을지 생각한다.

• 교실을 돌아다니며 친구를 만나서 악수를 한 다음, 자신의 등 뒤에 붙은 단어를 맞히기 위해 친구에게 세 가지 질문을 한다.

4	친구의 질문에 대하여 '예' 또는 '아니요'로 답하기	• 질문을 듣는 친구는 질문에 대하여 '예', '아니요'로만 대답하고, 질문을 하는 친구는 세 가지 질문을 하고 난 뒤 생각나는 단어를 말한다.
		• 자신의 등 뒤에 붙은 단어를 맞히지 못하면 다른 친구를 만나 다시 악수를 하고 등 뒤의 단어를 맞히기 위해 질문한다.
5	내 등에 붙은 단어를 내 말로 정의하기	• 자기 등 뒤의 단어를 맞힌 사람은 자리로 돌아와 앉는다.
		• 등 뒤의 단어를 맞히기 위해 했던 질문을 떠올려 보고, 그 단어를 자신의 말로 정의한다.

| **6** | 단어에 대한 생각 나누기 | • 단어에 대하여 자신의 말로 정의한 것을 칠판에 붙이고, 친구들과 함께 단어의 개념에 대하여 이야기를 나눈다. |

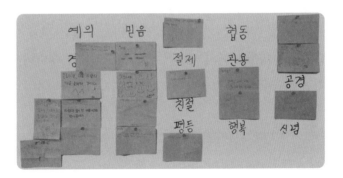

■ 5학년 학생들은 도덕 시간에 '공동체 생활에서 지켜야 할 미덕'에 관한 내용을 공부하고, 단어를 맞히기 위해 다음과 같은 질문을 했습니다.

> "기분이 좋은 것입니까?"
> "다른 사람들을 잘 이끄는 것입니까?"
> "다른 사람의 말을 잘 들어 주는 것입니까?"
> "너무 많이 놀지 않기 위해서 노력하는 것입니까?"
> "다른 사람에게 하지 말아야 할 것은 하지 않는 것입니까?"
> "다른 사람이 하는 것을 이상하다고 생각하지 않는 것입니까?"

■ 놀이를 한 후 학생들은 가치 덕목에 대하여 다음과 같이 자신의 말로 정의했습니다.

> "존중이란, 다른 사람의 가치를 높여 주는 것이다."
> "리더십이란, 사람이 많이 탄 배를 이끄는 '뱃사공'이다."
> "정직이란, 친구가 아끼는 물건을 만지다가 고장 냈을 때 사실대로 말하고 용서를 구하는 것이다."

■ 학생들에게 처음부터 자신의 말로 단어를 정의하라고 했으면 어떻게 정의해야 할지 모르거나 기존의 정의와 크게 다르지 않은 답을 했을 텐데, 질문과 답을 하는 과정에서 단어의 개념에 대하여 다양하게 생각해 보고 자신의 말로 정의하는 것을 볼 수 있었습니다.

■ 단어를 직접적으로 물어보려고 할 때 놀이가 시작되기 전에 자기 등 뒤의 단어를 맞히기 위해 "(내 등 뒤의 단어가) 첨성대야?"와 같이 직접적으로 물어보지 않도록 학생들에게 주의를 줍니다.

■ 단어를 빨리 맞혀서 놀이가 빨리 끝날 때 놀이를 시작할 때 등 뒤에 세 가지 단어를 써 붙이고 번호를 매겨 순서대로 단어를 맞힐 수 있도록 합니다. 질문을 받았던 친구가 질문한 친구의 등에 붙은 단어들 중 맞힌 단어에 동그라미를 해 줍니다. 그리고 새로운 친구를 만나 두 번째 단어를 맞히기 위한 질문을 합니다.

이렇게도 할 수 있어요

■ 술래를 정하여 단어 맞히기 놀이를 할 수도 있습니다. 술래를 한 명 정하여 교실 앞으로 나오도록 합니다. 자리에 앉아 있는 학생들만 단어를 확인하고, 술래 학생은 단어를 보지 못하도록 합니다. 술래 학생은 단어를 맞히기 위해 자리에 앉아 있는 친구들에게 질문을 하고, 자리에 앉아 있는 친구들은 '예', '아니요'라고만 대답합니다. 술래 학생은 자신의 질문과 친구들의 대답을 토대로 단어를 맞힙니다. 술래 학생이 질문을 하는 횟수는 학생들의 학년 및 수준을 고려하여 결정합니다.

■ 상대방의 등 뒤에 있는 단어를 나만 보고 나서 상대방이 맞힐 수 있도록 설명하는 놀이로 할 수도 있습니다. 짝끼리 서로의 등에 중요한 단어를 써서 붙여 준 다음, 교실을 자유롭게 돌아다니며 새로운 친구를 만나서 친구의 등 뒤에 붙은 단어에 대하여 설명하여 친구가 맞히도록 하는 방법입니다.

질문, 진짜 중요해?

어른들은 질문을 하는 것이 좋다, 질문이 필요하다고 하지만 학생들 스스로 질문이 중요한 것인지 깊게 생각할 기회는 별로 없습니다. '질문, 진짜 중요해?'는 학생들이 질문의 필요성, 중요성, 가치 등을 생각해 보고, 이를 자기화하는 방법으로 질문에 관한 광고를 만들어 보는 활동입니다. 이 활동을 통해 학생들은 질문을 왜 해야 하는지, 질문을 하면 어떤 점이 좋은지 등을 스스로 생각해 보는 경험을 할 수 있을 것입니다.

1 질문에 대한 질문 만들기

• 질문에 대해 평소에 가지고 있던 생각, 의구심, 궁금한 점 등을 질문으로 만든다.

  예 "질문을 왜 해야 할까?"

  "질문을 언제 해야 할까?"

  "어른들은 왜 우리에게 질문이 중요하다고 하실까?"

2 질문에 대해 이야기 나누기

• 자신이 만든 질문을 가지고 교실을 돌아다니면서 자신의 질문과 비슷한 질문을 만든 친구들끼리 모인다.

• 모인 친구들과 함께 답을 생각하면서 질문에 대해 이야기를 나눈다.

3 질문에 대한 생각 정리하기

• 친구와 나눈 이야기를 토대로 질문에 대한 생각을 한두 문장으로 정리한다.

  예 "질문하세요, 세상이 달라집니다."

  "질문은 너와 나의 연결고리이다."

  "친구를 만나 질문을 하세요. 추억을 쌓으세요."

• 정리한 문장은 광고의 마지막 멘트로 활용한다.

4 **질문의 좋은 점을** • 질문을 하면 좋은 점이나 질문의 가치를 담을 수 있는 동영상 광고를
　　알리는 광고 　만들기 위한 계획을 세우고 광고를 만든다.
　　만들기
　　① 콘티, 배경, 등장인물 등을 결정한다.

　　② 디지털 카메라로 사진을 찍어 각각의 프레임을 만든다.

　　③ 마지막 멘트를 넣는다.

　　④ 시간당 프레임 수를 조정하여 동영상을 편집한다.

　　⑤ 창의적인 제목을 붙인다.

5 **광고를 발표하고** • 만든 동영상 광고를 친구들 앞에서 발표한다.
　　질문에 대한
　　생각 넓히기 • 친구들이 만든 광고를 보고, 질문에 대해 다양하게 생각할 수 있다는
　　　것을 이해한다.

■ 5학년 학생들은 '팥빙수를 보기만 할 건가요?'라는 제목으로 다음과 같이 질문에 관한 동영상을 만들었습니다.

팥빙수를 보기만 할 건가요?	팥빙수가 맛있는지는 먹어 봐야 압니다.	(팥빙수를 그냥 둬서 녹아 버리는 장면)

질문, 생각만 할 건가요?	질문하지 않으면 궁금함이 팥빙수처럼 사라질지도 모릅니다.	질문은 하지 않으면 녹아 버리는 팥빙수와 같습니다. 질문, 지금 시작하세요.

■ 학생들은 질문에 관한 질문을 하고 동영상을 만들면서 질문을 왜 해야 하는지, 질문의 중요성은 무엇인지 되돌아보았습니다. 또한 광고를 통해 다른 사람에게 질문이 중요하다고 설득해야 하기 때문에 질문 자체에 대해 깊게 생각하는 것을 볼 수 있었습니다.

■ 학생들이 질문의 가치와 중요성을 찾지 못할 때 아인슈타인은 "만약 위급한 상황에 처하여 문제를 해결할 방법을 단 1시간 안에 찾아야 한다면, 1시간 중 55분

은 올바른 질문을 찾는 데 사용하겠다."라고 말했다고 합니다. 학생들이 질문의 중요성을 찾지 못하는 경우에는 질문을 하여 문제를 해결한 사례나 질문에 관한 명언 등을 찾아보도록 하면 도움이 됩니다.

이렇게도 할 수 있어요

▰ 학생들이 동영상을 만들고 편집하는 것을 어려워하면, 그림으로 그리거나 만화로 표현하도록 할 수도 있습니다. 또는 동영상의 콘티를 짜 보는 것만으로도 충분합니다. 특히, 저학년 학생들은 동영상 제작을 어려워할 수 있으므로 질문에 관한 생각을 정리한 후 질문의 중요성을 알리는 캠페인을 하는 방식으로 수업을 진행할 수도 있습니다.

질문은 고민 해결사

어른처럼 학생들도 고민을 하지만, 그 고민을 어떻게 해결해야 할지 모르는 경우가 많습니다. 이 놀이는 나와 친구의 고민에 대해 함께 생각하고 질문하는 활동입니다. 고민을 적은 질문 종이를 공처럼 만들어서 음악에 맞추어 옆으로 넘기다가 음악이 멈추면 자신이 가지고 있는 종이를 펴서 친구의 고민에 대해 답을 해 주고, 다시 친구에게 질문합니다. 이 과정에서 학생들은 친구와 고민을 나누고 해결 방법을 생각해 볼 수 있습니다. 또 질문으로 고민을 해결할 수 있다는 것을 배우는 동시에, 자연스럽게 친구의 고민에 공감하고 위로해 주는 경험을 할 수 있습니다.

1 고민을 써서
질문 공 만들기

- 평소에 자신이 가지고 있는 고민을
  질문으로 만들어 종이에 쓴다.

- 질문을 적은 종이를 공처럼 뭉쳐서
  질문 공을 만든다.

2 질문 공 돌리기

- 모둠 혹은 반 전체가 동그랗게
  앉는다.

- 공처럼 뭉친 질문 공을 음악이 멈출
  때까지 옆 친구에게 전달한다.

3 친구의 고민에
대한 답 쓰기

- 음악이 멈추면 질문 공을 펴서
  종이에 쓰인 친구의 고민을 읽는다.

- 친구의 고민에 대한 자신의 생각을
  적는다. 이때 친구의 고민에 대해
  공감의 표현을 함께 쓴다.

  예 "이런 고민을 가졌으니 마음이 많이
  쓰였겠다."
  "나도 이런 고민을 했던 적이 있는데
  너도 그렇구나."

4	친구에게 질문하기	• 답을 쓴 후 친구의 고민에 대해 묻는 질문을 쓴다. 예 "그 고민을 해결하기 어떤 노력을 해 봤니?" "부모님은 왜 그런 걱정을 하시는 것 같니?"	
5	또 다른 친구의 질문에 대해 답하고 질문하기	• 종이를 다시 공처럼 뭉친 다음, 음악에 맞추어 질문 공을 옆으로 전달한다. • 음악이 멈추면 자신이 받은 질문 공에 있는 고민에 대하여 답을 쓰고, 친구의 고민에 대한 질문도 쓴다.	
6	고민에 대한 내 생각 정리하기	• 일정한 시간이 지난 후 고민의 주인에게 질문 공을 돌려준다. • 내 고민에 대한 친구들의 답이나 친구들이 한 질문을 바탕으로 고민 해결 방법을 찾아서 정리한다.	

■ 6학년 학생들은 평소에 다음과 같은 고민을 한다고 하였습니다.

> "난 왜 인생이 싫은 걸까?"
>
> "나는 왜 치킨이 계속 먹고 싶을까?"
>
> "형과 사이좋게 지내고 싶은데 어떻게 하지?"
>
> "영어를 잘하고 싶어도 안 되는데 어떻게 해야 하지?"
>
> "어떻게 하면 친구와 다투지 않고 친하게 지낼 수 있을까?"
>
> "학원을 바꾸고 싶은데 엄마한테 뭐라고 말씀드려야 할까?"

■ 학생들은 친구의 고민에 대해 다음과 같이 공감하는 말과 답을 하고, 질문도 하였습니다.

> "난 왜 인생이 싫은 걸까?"
>
> ▶ 나도 가끔 학원 때문에 그런 생각이 들 때가 있어. 나는 그럴 때마다 좋은 음악이나 재미있는 영상을 보고 항상 긍정적으로 생각해. 그런데 너는 평소에 어떤 점에서 힘드니?
>
> ▶ 그럼 자기가 좋아하는 것, 하고 싶은 것을 하면 될 것 같아. 네가 누구인지 모르지만 내가 꼭 찾아서 널 기쁘게 만들 거야. 네가 제일 하고 싶은 일이 뭐야?
>
> ▶ 학원을 가기 싫고 엄마나 가족에게 혼나면 나도 그랬어. 그때마다 한 친구가 내 곁에 있어줬어. 내 고민도 들어 주고, 비밀도 함께 나누니까 엄청 위로가 돼. 친한 친구에게 고민을 이야기해 보는 것은 어떨까?

> "나는 왜 치킨이 계속 먹고 싶을까?"
>
> ▶ 나도 치킨이 좋거든. 그러니까 그걸 너무 큰 고민으로 생각하지 마. 나도 치킨이 맛있어서 좋거든. 그럴 땐 치킨을 잊게 하는 다른 재밌는 걸 하면 돼. 넌 한 달에 치킨을 몇 번 먹니?
>
> ▶ 당연히 치킨이 맛있지. 고민을 너무 할 필요는 없는 것 같아. 그렇지만 과하게 먹거나 많이 먹으면 줄여야 할 것 같아. 넌 어느 부위가 좋아?

"형과 사이좋게 지내고 싶은데 어떻게 하지?"

▶ 형과 잘 지내고 싶은데 그렇지 못해서 속상하겠다. 형한테 더욱 더 많이 말을 걸고 네가 형을 공감해 주면 너의 형도 너를 공감해 줄 것 같아. 그런데 형이 너한테 잘해 줬거나 도와줬을 때 넌 어떻게 했어?

▶ 형과 친하게 지내지 못해서 속상하겠다. 나는 동생한테 먹을 걸 주는 방법을 썼는데 너희 형한테도 먹을 걸 줘서 친해지는 방법은 어떨까? 형이 좋아하는 것은 뭐니?

▶ 너의 마음을 말로 표현해 봐. 나도 동생이랑 친하고 싶어서 칭찬을 해 줬어. 형이랑 왜 친하지 않다고 생각해?

"영어를 잘하고 싶어도 안 되는데 어떻게 해야 하지?"

▶ 단원에 나오는 중요한 단어를 찾아 암기하고, 점점 어려운 문장을 외워. 왜 영어를 잘하고 싶어?

▶ 영어를 열심히 배우고, 배웠던 것을 복습하면 그래도 괜찮아질 거야. 나도 영어 복습할 때 점점 알아갔거든. 영어를 잘하고 싶어서 해 본 노력은 있어?

▶ 영어를 잘하고 싶은데 못해서 슬프겠다. 네가 스스로 시험을 봐. 거기서 틀린 것을 또 공부해. 그리고 또 봐. 계속 그렇게 해. 너는 영어를 위해서 너의 시간을 얼마나 쓰니?

■ 한 학생은 "영어를 잘하고 싶어도 안 되는데 어떻게 해야 하지?"라는 고민에 대해 친구들이 적어 준 답과 질문을 보고 자신의 생각을 다음과 같이 정리하였습니다.

> 다른 과목은 어른이 되어서 쓸모가 없을 것 같은데 영어는 도움이 될 것 같아서 영어 공부를 잘하고 싶다. 영어와 관련한 책도 사서 읽어 보고, 영어 단어도 열심히 외웠는데 다음날도 까먹어서 속상하다. 친구 말대로 조금 더 복습을 해 봐야겠다. 토요일 1시간 내내 단어를 외웠는데 다음날이면 별로 생각이 나지 않는다. 시간을 좀 더 늘려야겠다.

▨ 고민을 질문으로 적으라고 했을 때 처음에는 학생들이 어색해했지만, 음악을 들으면서 질문 공을 친구에게 넘기면서부터는 즐겁게 활동에 참여하였습니다. 친구의 고민에 대해 답을 하고 질문을 하는 과정에서 학생들은 서로 공감하고 배려하면서 친구를 이해하고 진지하게 도움을 주려는 모습을 보였습니다.

이럴 때는 이렇게

▨ **장난으로 질문하거나 답을 할 때** 간혹 장난으로 질문이나 답을 쓰는 경우가 있습니다. 진지하게 고민을 말해야 친구의 진심 어린 답을 들을 수 있다는 것을 알려 주고 장난으로 질문을 하거나 답을 하지 않도록 주의를 주는 것이 좋습니다.

▨ **고민에 대해 쓰는 것을 망설일 때** 자기의 고민에 대해서 쓰라고 할 때 친구들이 자신의 고민을 아는 것을 꺼려하여 망설이는 경우가 있습니다. 이럴 때는 익명으로 고민을 쓰게 하는 것도 하나의 방법입니다.

이렇게도 할 수 있어요

▨ 질문 공을 옆 친구에게 돌리지 않고 일정한 장소로 던질 수도 있습니다. '고민을 멀리 던져 버리자!' 등의 말과 함께 질문 공을 교실 뒤쪽으로 던진 후, 떨어진 공들 중에서 하나를 주워 종이에 적힌 친구의 고민에 답을 해 줍니다.

학생들의 활동 소감

"내가 고민하는 것을 어떻게 해결해야 하는지 알 수 있었고, 친구들이 정말 고마웠다."

"질문을 서로 나눠 보아서 좋았다. 이번에는 친구들이 나의 고민에 질문해 주었지만, 내 스스로도 내 고민에 질문해 볼 수 있을 것 같다."

"조금 장난으로 썼는데(지금 너무 심심하고 배고픈데 어떻게 할까?) 친구들이 나의 장난스러운 질문에도 정성껏 대답해 주어서 좋다. 앞으로 이러한 것도 솔직하게 써야겠다."

물음표를 되돌아봐요

내가 한 질문, 친구가 한 질문 되돌아보기

- 나에게 질문은?
- 내가 만난 물음표
- 내가 만든 물음표
- 질문 나누기

나에게 질문은?

　"질문이란 무엇일까?"라고 물으면 학생들은 대부분 '모르는 것을 물어보는 것'이라고 답합니다. 이는 어른들도 마찬가지지요. 질문을 다르게 생각하거나 다른 말로 정의할 수는 없을까요? '나에게 질문은?'은 주변의 사물과 질문 간의 공통점과 차이점을 생각해보고, 질문을 사물에 빗대는 은유의 기법을 활용하여 질문에 대하여 자신만의 정의를 내려 보는 활동입니다. 이 활동을 통하여 학생들은 질문에 관해 자신이 평소에 가지고 있던 생각을 되돌아보고 질문의 중요성과 가치를 자연스럽게 이해할 수 있습니다.

1 **질문의 의미
생각하기**

- 선생님의 질문에 답하며 질문의 의미를 생각해 본다.

  교사 질문의 예 "질문이란 무엇일까요?"

  "사람들은 왜 질문을 할까요?"

  "질문을 해야 하는 까닭은 무엇일까요?"

2 **질문에 빗댈
사물 찾기**

- 다양한 그림 카드 중에서 질문에 대한 자신의 생각을 잘 보여 줄 수
  있는 것을 선택한다. 제시된 그림 카드 외에도 질문에 비유할 수 있는
  것에는 무엇이 있을지 생각해 본다.

  예 주변에서 볼 수 있는 물건: 의자, 시계, 책상 등

    흔히 볼 수 있는 동식물: 개, 고양이, 나비, 꽃, 개미 등

    자연 현상: 태풍, 장마, 눈, 비 등

    직업: 선생님, 의사, 영화감독, 조종사 등

3 **질문과 사물의
공통점 찾기**

- 질문에 비유할 수 있는 사물을 선택한 후, 그 사물의 특징을
  생각한다.

- 질문과 선택한 사물의 공통점을 생각한다.

4 질문을 비유하고
그림 그리기

• 질문을 앞에서 선택한 사물에
비유하여 정의를 내리고, 그렇게
정의한 이유를 생각한다.

> 나에게 질문이란 (　)이다.
> 왜냐하면 (　　　　　)이기
> 때문이다.

• 질문을 자기 말로 정의한 것과
어울리는 그림을 그린다.

5 질문의 가치에
대해 생각하기

• 질문에 대한 비유와 그림을 가지고
친구들과 함께 이야기를 나눈다.

• 교실에 게시하여 나에게 질문은
어떤 의미를 가지는지 지속적으로
생각한다.

▣ 3학년 학생들은 질문을 주변의 사물과 빗대어 다음과 같은 정의를 내렸습니다.

질문이란 다리미이다.
▶ 궁금한 점을 질문으로 없애는 것처럼 다리미
도 주름을 없애니까.

질문이란 꽃이다.
▶ 꽃이 지면 맛있는 열매가 열리는 것처럼 질
문도 하고 나면 얻어지는 것이 많으니까.

질문이란 수박이다.
▶ 수박은 겉에서 보면 초록으로 보이지만 쪼개면 안은 빨갛다. 질문도 할 때와
하지 않을 때의 색깔이 다르다.

질문이란 당근이다.
▶ 당근은 먹기 싫지만 먹어 보면 맛있는 것처럼 질문도 하기 싫을 때가 있지만
참고 해 보면 칭찬을 받는다.

▣ '나에게 질문은?' 활동을 통하여 학생들이 '질문 = 물어보는 것'이라고 단순하
게 생각하는 것에서 나아가, 질문의 의미와 가치에 대하여 좀 더 확장하여 생
각하고 다양하게 정의를 내리는 모습을 볼 수 있었습니다.

▣ 그림 카드 등이 충분히 준비되어 있지 않을 때 신문이나 잡지, 쓰지 않는 그림책
등 다양한 인쇄 매체의 그림이나 사진을 활용할 수 있습니다. 학생들이 스스로
그림을 모으는 과정에서 질문을 어떻게 정의할지 좀 더 생각할 수 있는 시간을
갖게 되고, 활동에 대한 흥미도 더 높아질 수 있습니다. 또 밖으로 나가 관심이
가는 사물의 사진을 직접 찍어 보게 하는 방법도 있습니다. 주변 사물의 사진

을 직접 찍음으로써 질문에 대해서 정의하는 활동에 좀 더 쉽게 다가갈 수 있습니다.

■ 학생들이 질문에 빗댈 사물을 선택하기 힘들어할 때 교사가 단어를 제시하고 학생들은 단어와 질문의 특성을 연결하여 질문에 대하여 자신만의 정의를 내릴 수 있습니다. 다음은 교사가 '우주'라는 단어를 제시했을 때 학생들이 만든 질문의 정의입니다. 같은 단어를 가지고도 학생들이 다양하게 정의를 내리는 것을 볼 수 있습니다.

> 질문이란 '우주'이다.
> ▶ 질문도 끝이 없고 우주도 끝이 없기 때문이다.
> ▶ 우주도 알면 알수록 궁금하고 질문도 하면 할수록 궁금한 점이 더 많아진다.
> ▶ 우주 탐험도 달에 디딘 한 발자국에서 시작했듯 질문도 작은 한걸음에서 시작한다.
> ▶ 질문도 멀리 있는 것 같지만 가까이 있고 우주도 멀리 있는 것 같지만 가까이 있다.

이렇게도 할 수 있어요

■ 질문에 대하여 자신의 말로 정의한 것을 세모 깃발 모양으로 꾸미거나 투명 종이에 만들어서 유리창에 붙이면 학생들이 지속적으로 질문에 대해 생각할 수 있습니다.

■ '질문이란 무엇인가?'에 대해서 ㄱ, ㄴ, ㄷ 등의 자음으로 시작하는 답을 만들어 보면서 질문의 정의를 다양하게 내려 볼 수 있습니다.

질문이란?

ㄱ —— 가슴을 두근거리게 만드는 것이다. 질문을 하기 전에도 가슴이 두근거리고 질문을 하고 난 후에도 가슴이 두근거린다.

ㄴ —— 나침반이다. 어디로 가야 할지 안내해 준다.

ㄷ —— 도전이다. 당연하다고 생각한 것에 대해 물음으로써 새로운 도전을 하게 한다.

ㄹ —— 라면이다. 한 번도 안 먹어 본 사람은 있어도 한 번만 먹어 본 사람은 없듯 질문도 한 번 하면 계속하게 된다.

ㅁ —— 마음이 만나는 것이다. 질문을 하면 친구 마음을 알 수 있다.

ㅂ —— 바보다. 이렇게 쉬운 것도 질문하느냐고 바보처럼 느껴질 때도 있지만, 질문을 안 하면 계속 바보가 된다.

⋮

내가 만난 물음표

학생들은 생활하면서 수많은 질문을 듣고 보면서도 그 질문의 성격에 대하여 깊이 생각해 보지 않습니다. '내가 만난 물음표'는 일정 기간 동안 학생들이 자신이 보고 들은 질문에 대하여 생각해 보는 활동입니다. 자신이 어떤 질문을, 왜 듣고 보았는지 생각해 봄으로써 질문의 의미에 대해 돌아볼 수 있습니다. 또 어떤 질문을 많이 듣고 보았는지 확인하면서 자신의 행동이나 생활을 성찰하는 기회를 가질 수 있습니다.

1 **내가 만난 질문 떠올리기**

- 내가 어떤 질문을 만났는지(듣고 보았는지) 조사할 기간(하루, 일주일 등)을 정한다.
- 정해진 기간 동안 내가 듣거나 본 질문을 붙임 종이에 써서 모둠 종이(4절 도화지)에 붙인다.

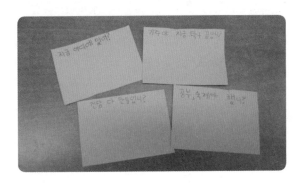

2 **질문 분류 기준 정하기**

- 붙임 종이에 쓴 질문들을 살펴보고 어떻게 분류할 수 있을지 모둠 친구들과 의논하여 분류 기준을 정한다.

  예 친구가 한 질문/가족이 한 질문
  듣기 좋은 질문/듣기 싫은 질문

3 **질문 분류하기**

- 각 질문의 내용과 성격을 생각해 보고 모둠 친구들과 의논하여 기준에 따라 질문을 분류한다.

4 **질문으로 나의 행동과 생활 되돌아보기**

- 나와 우리 모둠 친구들은 어떤 질문을 많이 만났는지 확인한다.
- 왜 그런 질문을 많이 만나게 되었는지 나의 생활과 관련지어 생각해 보고 친구들과 이야기를 나눈다.

■ 5학년 학생들은 일주일 동안 자신들이 보고 들은 질문을 떠올려 본 뒤 이를 쓰고, 자신과 모둠 친구들이 쓴 질문을 분류하기 위해 기준을 정하면서 질문의 내용과 성격에 대하여 생각해 보았습니다. 학생들은 '친구가 나에게 한 질문/가족이 나에게 한 질문'과 '듣기 좋은 질문/듣기 싫은 질문'과 같은 기준을 정한 후 다음과 같이 질문을 분류하였습니다.

친구가 나에게 한 질문	가족이 나에게 한 질문
"게임할래?"	"공부했니?"
"놀 수 있어?"	"밥 먹을래?"
"학원 같이 갈래?"	"학습지 풀었니?"
"집에 같이 갈래?"	"○○야, 너 씻었니?"
"너 컴퓨터 시험, 합격할 것 같아?"	"한자 단어 다 외웠니?"
	"모르는 문제 도와줄까?"
	"몇 시까지 들어올 거니?"

듣기 좋은 질문	듣기 싫은 질문
"괜찮아?"	"맞을래?"
"같이 갈래?"	"왜 바지만 입어?"
"너 놀 수 있어?"	"너, 학원 안 가?"
"학원 어디 다녀?"	"몸무게 몇이냐?"
"왜 그래? 무슨 일 있어?"	"공부는 잘 하니?"
"책 중에 어느 책이 좋아?"	"숙제는 다 했어?"

■ 학생들은 이 활동 전에는 자신이 어떤 질문을 듣고 있는지 생각해 본 적이 없다고 하였습니다. 학생들은 자신이 어떤 질문을 주로 듣는지 이야기를 나누는 활동을 하면서 왜 그런 질문을 듣는지에 대해 생각하는 모습을 보였습니다.

■ **질문을 분류하는 기준을 정하지 못할 때** 누가 한 질문인지, 무엇에 대한 질문인지 생각해 보도록 하면 분류 기준을 쉽게 정할 수 있습니다. 또한 기준을 정해도 질문이 명료하게 분류되지 않을 수도 있는데, 이 경우 학생들에게 왜 그 질문이 어느 한쪽으로 분류되지 않는지 생각해 보게 하는 활동을 해도 좋습니다.

■ **분류한 질문이 한쪽 범주로만 치우칠 때** 정한 기준에 따라 질문을 분류했는데 질문이 한쪽으로만 치우칠 수 있습니다. 질문을 기준에 따라 균등하게 나눌 필요도 없고, 나눌 수도 없습니다. 오히려 한쪽으로 질문이 치우칠 경우 자신이 특정한 질문들을 주로 접하고 있다는 성찰로 이어질 수 있어 좋습니다.

■ 학생들이 접한 질문을 떠올려 보게 할 때, 학교에서 들은 질문, 교과서에서 본 질문, 집에서 들은 질문 등으로 장소 및 공간을 한정할 수도 있습니다.

"어떤 질문은 질문이라기보다 뭘 확인하려고 묻는 것 같다."

"나도 살이 찌고 싶은데 친구들이 몸무게를 물어보면 기분이 나쁘다."

"듣기 좋은 질문과 듣기 싫은 질문이 있는데, 듣기 좋은 질문을 더 많이 해야겠다."

"내가 학습지를 자꾸 밀려서 엄마가 나에게 학습지 풀었냐고 질문을 많이 하는 것 같다."

"질문을 평소에 많이 듣는 것 같은데, 주로 부탁하는 말이나 뭘 했는지 확인하는 말인 것을 알았다."

내가 만든 물음표

자신이 평소에 어떤 질문을 주로 하는지를 돌아보는 것은 학생들의 질문 태도와 능력을 향상시키는 데 도움이 됩니다. 그러나 대부분의 학생들은 이러한 성찰의 기회가 부족합니다. '내가 만든 물음표'는 일정 기간 동안 자신과 친구들이 어떤 질문을 했는지 돌아보고 생각해 보는 활동입니다. 이 활동을 통하여 학생들은 자신이 어떤 질문을 많이 하는지, 왜 그러한 질문을 많이 하는지 돌아보면서 자신의 생각과 생활에 대해 더 잘 이해할 수 있습니다.

1 **내가 한 질문을 떠올려 적기**

- 내가 어떤 질문을 했는지 조사할 기간(하루, 일주일 등)을 정한다.

- 정해진 기간 동안 내가 한 질문을 붙임 종이에 쓴 후 모둠 종이(4절 도화지)에 붙인다.

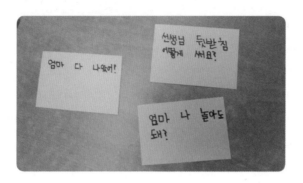

2 **질문 분류 기준 정하기**

- 붙임 종이에 쓴 질문들을 살펴보고, 어떻게 분류할 수 있을지 모둠 친구들과 의논하여 분류 기준을 정한다.

  예 친구들에게 한 질문/가족들에게 한 질문

  허락을 구하는 질문/허락을 구하는 질문이 아닌 것

3 **질문 분류하기**

- 정해진 기준에 따라 붙임 종이에 쓴 질문들을 분류한다.

- 일정한 기간 동안 나와 우리 모둠 친구들이 많이 한 질문을 확인한다.

4 **질문으로 나의 행동과 생활 되돌아보기**

- 나와 모둠 친구들이 어떤 질문을 많이 했는지, 왜 그러한 질문을 많이 했는지 이야기를 나눈다.

- 앞으로 어떤 질문을, 어떻게 하면 좋을지 생각한다.

■ 5학년 학생들은 일주일 동안 자신들이 한 질문을 '학교에서 한 질문/집에서 한
질문'과 '허락을 구하는 질문/허락을 구하는 질문이 아닌 것'으로 분류했습니다.

학교에서 한 질문	집에서 한 질문
"너, 놀 수 있어?"	"오빠, 오고 있어?"
"너, 생일 선물 뭐 샀어?"	"엄마, 오늘 저녁밥 뭐예요?"
"○○야, 나랑 내일 학교 같이 갈래?"	"아빠, 다리 주물러 드릴까요?"
"근거는 어떻게 써요?"	"오빠, 레몬이 좋아, 사과가 좋아?"
"요약은 어떻게 정리할까요?"	"엄마, 공부 다 했는데, 씻고 게임
"선생님, 라면 파티 언제 하나요?"	해도 돼요?
"선생님, 뒷받침 (문장은) 어떻게 써요?"	
"중심 문장은 뭘로 하는 것이 좋을까요?"	

허락을 구하는 질문	허락을 구하는 질문이 아닌 것
"화장실 가도 돼요?"	"오늘 급식 뭐야?"
"엄마, 나 놀아도 돼?"	"엄마 다 나았어?"
"엄마, 게임해도 돼?"	"이거 무슨 뜻이에요?"
"같이 게임할 수 있어?"	"여기에 뭐라고 써요?"
"너희 집에서 놀아도 돼?"	"선생님, 동아리 시간에 뭐해요?"
"선생님 이거 해도 돼요?"	

■ 이 활동을 하면서 학생들은 자신이 어떤 질문을 주로 하며 왜 그런 질문을 하
는지에 대해 되돌아보는 모습을 보였습니다.

■ **질문을 분류하는 기준을 정하지 못할 때** 학생들이 질문을 분류하는 기준을 정하기 어려워하면 질문을 하는 목적이 무엇인지, 질문을 듣는 사람은 누구인지 등을 생각해 보게 합니다.

■ **어떤 질문을 했는지 기억이 나지 않는다고 할 때** 학생들에게 자신이 했던 질문을 떠올려 보라고 하면 생각이 나지 않는다고 하는 경우가 많습니다. 이 경우 집 또는 학교에서 있었던 일이나 장면을 떠올리게 하여 질문을 기억해 내도록 도와줄 수 있습니다. 또는 이 활동을 하기 전에 어떤 질문을 했는지 잊어버리지 않도록 일정 기간 동안 질문을 할 때마다 메모를 하라고 학생들에게 미리 알려 주는 방법도 있습니다.

■ 모둠 친구들과 질문을 분류한 후 자신이 많이 하는 질문에 스티커를 붙여 우리 모둠 친구들이 생활하면서 어떤 질문을 가장 많이 하는지 확인할 수 있습니다.

"학교에서는 친구들끼리 질문을 더 많이 한다."
"선생님한테는 뭐 해도 되냐고 허락을 받을 때 질문을 많이 한다."
"내가 질문을 안 한다고 생각했는데 생각해 보니 질문을 많이 했다는 것을 알았다."
"엄마한테 주로 놀아도 되냐고 묻는 질문을 많이 한다는 걸 알았다. 엄마한테 다른 질문도 좀 해야겠다."
"내가 하는 질문이 거의 허락을 구하거나 부탁하는 질문이라는 것을 알았다. 내가 정말 궁금해하고 다른 사람의 생각을 궁금해하는 질문을 거의 하지 않았다."

질문 나누기

학생들은 평소에 질문에 어떻게 대답할지 생각은 하지만, 자신이 어떤 질문을 하고 있는지 돌아보는 경우는 별로 없습니다. '질문 나누기'는 그림이나 음악, 이야기를 읽고 평소대로 질문을 만든 후 나름의 기준을 세워 분류해 보면서, 나와 친구들은 어떤 질문들을 많이 만드는지 점검해 보는 활동입니다. 이 활동을 통하여 질문을 분류하는 기준과 질문의 성격, 자기의 질문 특성을 생각해 볼 수 있습니다.

1 질문 만들기

- 그림을 보거나 음악을 듣고 궁금한 점이나 더 자세히 알고 싶은 것, 친구들과 이야기하고 싶은 것들을 질문으로 만들어 붙임 종이에 가능한 한 많이 쓴다.

- 글을 읽는 경우 글을 읽기 전, 읽는 중, 읽은 후에 자유롭게 만들어 붙임 종이에 쓴다.

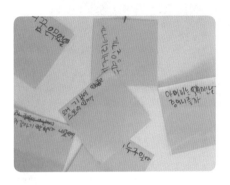

2 질문을 나눌 수 있는 기준 세우기

- 만든 질문을 보고, 질문을 어떻게 나눌 수 있을지 친구들과 생각해 본다.

- 선생님이 제시하는 숫자를 보고 그 숫자만큼 질문을 분류하려면 어떤 분류 기준을 세워야 할지 모둠 친구들과 의논한다.

  예 숫자 3을 제시할 경우: 인물, 사건, 배경을 기준으로 질문 분류하기

  숫자 6을 제시할 경우: 육하원칙(누가, 언제, 어디서, 무엇을, 어떻게, 왜)을 기준으로 질문 분류하기

3 기준에 따라
질문 분류하기

- 모둠 친구들과 정한 분류 기준에 따라 질문을 나눈다.

- 기준에 맞게 바르게 분류했는지 확인한다.

- 다른 모둠은 어떻게 분류했는지 살펴본다.

4 분류한 질문을
살피고 이야기
나누기

- 분류한 질문들을 보고 어떤 질문을 많이 했는지 혹은 잘 하지 않았는지 확인한다.

- 분류한 질문을 살펴보고, 평소 나와 친구들이 어떤 질문을 많이 하는지 이야기를 나눈다.

■ 4학년 학생들은 『비구름이 찾아온 날』(케이트 하네트 글)을 읽고 다음과 같이 질문을 나누었습니다. 이 글은 먹구름 친구들이 사라져 버리고 혼자 남게 된 비구름이 늘 화가 나 있는 아이비와 친구가 되는 과정을 담고 있습니다.

> **책에서 바로 답을 찾을 수 있는 질문**
> "이 책의 지은이는 누구인가요?"
> "주인공은 어떤 가게를 하고 있나요?"
> "비구름이 찾아간 곳은 어디 어디인가요?"
> "비구름은 누구와 친구가 되고 싶어 했나요?"
>
> **책에서 바로 답을 찾을 수 없는 질문**
> "왜 이 책이 베스트셀러일까요?"
> "왜 아이비는 항상 화가 나 있을까요?"
> "아이비의 부모님은 어디에 있을까요?"
> "앞으로 아이비와 비구름은 어떻게 될까요?"
> "왜 지은이는 책 제목을 이렇게 지었을까요?"
> "아이비는 어린데 왜 어른 없이 혼자 가게를 할까요?"
> "내가 비구름이라면 아이비와 어떤 방법으로 친구가 됐을까요?"
> "비구름 친구들은 다 없어졌는데 왜 꼬마 비구름은 없어지지 않았을까요?"

■ 학생들은 자신들의 질문을 분류해 보고, 책에서 답을 찾을 수 있는 질문보다 책에서 답을 찾을 수 없는 질문을 많이 했다는 것을 알았습니다. 학생들은 '왜' 또는 '만약에'로 시작하는 질문을 많이 만들었습니다.

■ 이 활동을 하면서 학생들은 질문 하나하나의 성격, 질문의 분류 기준 등에 대하여 생각해 볼 수 있었습니다. 또, 활동 소감을 보면 질문을 나누는 활동인데 토의를 했다고 생각하는 학생들이 있었습니다. 질문을 분류하면서 끊임없이 이야기를 나누는 과정이 토의를 한 것처럼 느껴졌다고 했습니다.

- **만든 질문의 개수가 적을 때** 질문의 개수가 적으면 '질문 나누기' 활동을 하기 어렵습니다. 최소한 몇 개 이상은 만들어야 한다고 처음에 미리 알려 주는 것이 좋습니다. 모둠원의 수에 따라 다르지만 개인별로 질문을 10개 정도는 만들어야 다양하게 분류해 볼 수 있습니다.

- **어떻게 분류해야 할지 헷갈려 할 때** 글을 읽고 만든 질문을 분류할 때 학생들은 답이 한 가지로 정해진 질문인지, 답이 다양하게 나오는 질문인지 헷갈려 하기도 합니다. 이럴 때에는 친구들에게 그 질문을 해 보고 친구들이 어떻게 답하는지 듣고 나서 분류하도록 합니다.

- 교실에 자유롭게 질문을 붙일 수 있는 질문 게시판을 만듭니다. 단원이 시작되기 전에 기준을 정해 주고, 단원을 배우면서 생기는 질문을 기준에 따라 분류하여 질문 게시판에 붙이게 할 수 있습니다. 단원이 끝난 후 질문 게시판을 살펴보면 학생들의 질문 경향 및 습관을 확인할 수 있습니다.

"내가 어떤 질문을 많이 하는지 알 수 있었다."

"질문을 나누면서 이야기를 많이 해서 즐거웠다."

"책만 읽지 않고 토론도 해서 재미있었다. 친구들과 이야기를 나누어서 좋았다."

"질문을 어떻게 나눌지 이야기하면서 친구들이랑 많이 이야기했다. 재미있었다."

"질문을 쓸 때 많은 생각들을 해서 약간 어렵긴 했지만 재밌었다. 질문을 나누면서 주인공에 관한 질문이 많이 한 걸 알았다. 주인공에 관한 질문 말고도 생각을 좀 해 봐야겠다."

◤ Part 3

물음표를 만들어요

01

생각에 물음표를 달아요

질문 생성 능력 기르기, 질문을 어떻게 만드는지 알기

- 질문 달리기
- 질문 이어달리기
- 질문 디딤돌
- 질문 낚시 놀이
- '만약에'
- 질문 광개토대왕
- 질문 1, 2, 3, 4
- 거꾸로 십자말풀이

질문 달리기

학생들에게 질문을 하라고 하면 어떤 질문을 어떻게 해야 할지 막막해할 때가 많습니다. '질문 달리기'는 평서문을 의문문으로 바꾸어 질문을 만드는 놀이입니다. '~니다.'를 '~니까?' 등과 같이 바꿀 수도 있으며, 의문사를 이용하여 질문을 만들 수도 있습니다. 이 놀이를 하면서 학생들은 자연스럽게 의문이나 궁금증을 질문으로 만드는 방법을 익힐 수 있습니다.

1 '~다.'로 끝나는 문장 읽기
- 선생님이 보여 주는 '~다.'로 끝나는 문장을 읽는다.
  > 예 나는 학교에 갑니다.

2 '~다.'를 '~까?'로 바꾸는 연습하기
- 친구들과 '~다'를 '~까?'로 바꾸는 연습을 한다.
  > 예 나는 학교에 갑니까? / 나는 학교에 가야 합니까?

3 의문사를 사용하여 의문문으로 바꾸는 연습하기
- 의문사(누가, 언제, 어디서, 무엇을, 어떻게, 왜)를 사용하여 평서문을 의문문으로 바꾼다.
  > 예 누가 학교에 갑니까?

- 다른 평서문을 의문문으로 바꾸면서 질문을 만드는 방법을 연습한다.

4 글에서 마음에 와 닿는 평서문 고르기
- 반 친구들과 글을 읽고 마음에 와 닿는 문장을 하나 고른다.
- 고른 문장을 의문문으로 바꿀 수 있을지 생각해 본다.

5 질문을 만들어 도착점까지 종이 이어 붙이기
- 일정한 크기의 종이를 5~6장 나누어 갖는다.
- 시작 신호와 함께 **4** 에서 고른 문장을 의문문으로 바꾸어 갖고 있는 종이에 쓴다.
- 의문문으로 바꾼 질문을 출발선부터 도착점까지 차례대로 이어 붙인다.
- 도착점에 먼저 도착하는 팀부터 3점, 2점, 1점 등 차등하여 점수를 받는다.

6 　**중복된 질문을 다시 만들어 붙이기**

- 상대팀이 만든 질문을 살펴보고 질문을 바르게 만들었는지 점검한다.

- 고른 문장의 내용과 상관없는 질문, 의문문으로 완결되지 않은 질문, 글씨가 엉망인 질문 등은 이어진 줄에서 뺀다.

- 중복된 질문은 두 팀이 함께 확인한 후 이어진 줄에서 뺀다.

- 빠진 질문 자리에 질문을 채워 넣어 도착점에 먼저 도착하는 팀부터 3점, 2점, 1점 등 차등하여 점수를 받는다.

- 점수를 가장 많이 얻는 팀이 이긴다.

7 　**만든 질문 비교하기**

- 각 모둠별로 만든 질문을 서로 비교해 본다.

- 만든 질문에 대한 답을 함께 해결한다.

- 활동 후 알게 된 점이나 느낀 점에 대해 이야기를 나눈다.

■ 1학년 학생들은 주인공이 알사탕을 먹고 주변 사람과 사물의 속마음을 들을 수 있게 되면서 벌어지는 이야기를 그린 『알사탕』(백희나 글)을 읽고, 가장 기억에 남는 문장으로 "풍선이 되돌아왔습니다."를 뽑았습니다. 학생들은 평서문 "풍선이 되돌아왔습니다."를 다음과 같이 의문문으로 바꾸었습니다.

> "풍선은 왜 되돌아왔을까?"
> "풍선은 되돌아와야만 했을까?"
> "풍선은 어떻게 되돌아왔을까?"
> "풍선은 누가 되돌려 보냈을까?"
> "풍선은 누구랑 되돌아왔을까?"
> "풍선은 어디에서 되돌아왔을까?"

■ 학년에 따라 질문 만들기를 어려워할 수 있지만, 놀이를 몇 번 반복하다 보면 질문을 어떻게 만드는지 자연스럽게 익힐 수 있습니다. 질문의 형태를 다양하게 만들면서 평서문일 때는 발견하지 못했던 관점으로 글이나 자료를 살펴보는 것을 볼 수 있습니다. 학생들은 평서문을 다양한 의문문으로 바꾸고, 만든 의문문의 질문을 토대로 이야기를 나누는 시간을 가졌습니다.

■ **학생들에게 제시할 평서문을 고를 때** 처음 제시하는 평서문은 읽은 책 중 가장 인상에 남는 문장 등을 뽑아 활용할 수도 있고, 주변에서 많이 접하는 평서문을 제시할 수도 있습니다. 고학년의 경우 화제가 되는 뉴스의 제목을 활용하여 제시할 수도 있습니다.

■ **의문문을 만들기 어려워할 때** 학생들이 의문문을 만드는 데 익숙하지 않을 때는 출발점과 도착점의 간격을 너무 멀지 않게 하는 것이 좋습니다. 또 예시를 충분히 들어 주는 것이 좋습니다. 의미만 통한다면 어떤 의문문도 허용해 줍니다.

■ 도착점에 빨리 도착하는 것에 치중할 때　도착점에 먼저 도착하여 점수를 얻으려고 질문을 제대로 만들지 않거나 같은 질문을 여러 번 쓸 수도 있습니다. 놀이를 시작하기 전에 의미가 통하도록 질문을 만들어야 하며, 똑같은 질문은 나중에 제외한다는 규칙을 미리 알려 주는 것이 좋습니다.

이렇게도 할 수 있어요

■ 질문을 만들고 이 질문에 대한 답을 이어 붙이게 하여 도착점까지 먼저 이어 붙인 팀이 이기는 방법도 있습니다. 여러 가지 답이 나와야 유리하므로 다양하게 답을 할 수 있는 열린 질문을 만드는 연습을 할 수 있습니다.

학생들의 활동 소감

"놀이로 질문을 하니까 재미있었어요."

"다음에는 좀 더 잘할 수 있을 것 같아요."

"질문을 만들고 나서 이야기를 나누니까 더 좋은 것 같아요."

"질문을 어떻게 하는지 배운 적이 없었는데 어떻게 하는지 알게 되었어요."

"생각을 깊이 안 했는데 의문문으로 바꾸고 나니까 생각을 하게 되는 것 같아요."

"질문을 어떻게 만들어야 하는지 몰랐는데 하다 보니까 질문을 어떻게 만드는지 알게 되었어요."

▼ 생각에 물음표를 달아요

질문 이어달리기

학생들은 책을 읽거나 공부를 하다가 또는 일상생활을 하다가 궁금한 점이나 의문이 생겨도 더 생각하거나 알아보려 하지 않고 그냥 넘어가는 경우가 많습니다. 궁금증이나 의문을 그냥 넘기지 말고 더 따져 보고 깊게 생각해 보는 태도가 필요합니다. '질문 이어달리기'는 처음 생긴 질문에 대해서 두 번째 질문을 만들고, 두 번째 질문에 대해 다시 세 번째, 네 번째 질문을 만들면서 질문을 이어 가는 놀이입니다. 이 놀이를 통해 학생들은 질문에 대해 생각하는 태도와 질문을 많이 생성하는 능력을 기를 수 있습니다.

1 **시작 질문 만들기** • 반 혹은 모둠 친구들이 함께 생각해 볼 수 있는 질문을 시작
질문으로 정한다.

⑩ "왜 레이디퍼스트는 있는데 맨퍼스트는 없을까?"

2 **시작 질문에 대하여 질문하기** • 시작 질문을 살펴보고 시작 질문에 대해 질문을 한다.

⑩ "레이디퍼스트와 맨퍼스트라는 말이 요즘에 많이 쓰이는 말인가?"

3 **질문 이어 가기** • 시작 질문을 보고 만든 질문에 대하여 의문을 가지고 또 질문을
만든다.

⑩ "왜 레이디퍼스트라는 말이 생겨나게 되었을까?"

• 만든 질문에 대하여 또 질문을 이어 간다.

⑩ "왜 여자들을 먼저 배려하려고 했을까?"

"남자들을 먼저 배려해야 할 때도 있을까?"

"레이디퍼스트 혹은 맨퍼스트라는 말을 사용하는 것이 옳을까?"

4 **'질문 왕' 뽑기** • 만든 질문들을 붙임 종이에 써서
이어서 붙인다.

• 시작 질문에 대하여 가장 많은
질문을 이어 붙인 사람(모둠)을
'질문 왕'으로 뽑는다. 투표를 하여
가장 재미있고 기발한 질문을 뽑아
그 질문을 한 사람(모둠)을 '질문
왕'으로 뽑을 수도 있다.

• 만든 질문들을 함께 검토해 보고,
이야기를 나눈다.

■ 5학년 학생들은 "우리는 왜 공부를 할까?"라는 시작 질문을 가지고 다음과 같이 '질문 이어달리기'를 했습니다.

> "우리는 왜 공부를 할까?" → "왜 어른들은 어린애들을 학교에 보내려고 할까?" → "학교에 가야 공부를 할 수 있을까?" → "공부를 해야지 돈을 벌 수 있을까?" → "공부가 재미없는 나는 돈을 조금밖에 못 벌까?" → "선생님만 공부를 가르칠 수 있을까?" → "동영상을 보고 공부하면 안 될까?" → "동영상을 본다면 집에서 공부하는 것이 더 낫지 않을까?" → "동영상만 본다면 배울 수 없는 것은 무엇일까?" → "학교에 안 간다면 배울 수 없는 것은 무엇일까?" → "학교에서는 무엇을 어떻게 공부해야 할까?"

■ 학생들은 시작 질문에 대한 질문을 이어서 만들면서 시작 질문과 관련된 내용에 대해 충분히 이야기를 나누었습니다. 이 놀이를 통해 학생들은 질문을 이어가고 답하면서 자신들이 공부를 왜 하는지, 학교에 왜 다녀야 하는지 진지하게 생각하는 기회를 갖게 되었습니다.

■ **시작 질문을 정할 때** 시작 질문은 교사가 제시할 수도 있고, 학생들이 정할 수도 있습니다. 배우고 있는 교과 내용이나 사회문제 또는 학생들이 함께 고민하고 싶어 하는 문제 등 어떤 것이든 상관없습니다.

■ **질문이 막힐 때** 질문을 이어서 만들다 보면 종종 질문이 막히는 경우가 있습니다. 그럴 때에는 자유 연상법이나 브레인스토밍 활동을 통하여 질문에 대해 다른 관점에서 생각하거나 질문과 관련된 생각을 떠올려 보게 함으로써 새로운 질문을 만들 수 있습니다.

■ 짝끼리 질문과 대답을 번갈아 가면서 할 수도 있습니다. 먼저 한 명이 질문을 하면 다른 한 사람이 대답을 합니다. 그리고 대답한 사람이 질문했던 사람에게 다시 질문하는 식으로 활동을 할 수도 있습니다.

학생들의 활동 소감

"처음에는 어떻게 질문해야 하나 망설였는데 질문을 하다 보니 질문할 게 많았다."

"내 인생에서 가장 많은 질문을 했다."

"생각을 하면 할수록 더 생각할 것이 많아지는 것 같다."

"질문을 했지만 이렇게 질문을 하다 보면 질문을 하는 중에 답을 찾을 수도 있을 것 같다."

질문 디딤돌

학생들에게 글이나 이야기를 읽고 질문을 만들어 보라고 하면 어떻게 시작해야 할지 몰라 막막해하는 경우가 많습니다. '질문 디딤돌'은 학생들이 질문을 만들 때 질문에 들어가야 할 낱말을 제공함으로써 학생들이 쉽게 질문을 만들 수 있도록 해 줍니다. 학생들은 돌림판의 화살표를 돌려 멈춘 칸에 있는 낱말을 활용하여 질문을 만듭니다. 이야기를 꼼꼼하게 읽지 않으면 화살표가 가리키는 낱말을 넣어 질문을 만들기가 어렵기 때문에, 교사는 학생들의 질문을 살펴보고 학생들이 글을 꼼꼼하게 읽었는지 확인할 수 있습니다.

1 돌림판에
　낱말 쓰기

• 돌림판의 각 칸에 '누가, 언제, 어디서, 어떻게, 무엇, 왜, ?'를 쓴다.

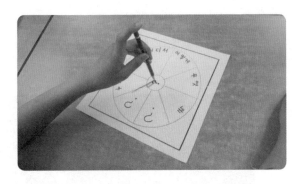

2 낱말을 넣어
　질문 만들기

• 돌림판의 화살표를 돌려 멈춘 칸에 있는 낱말을 넣어 질문을 만든다.
만약 '누가'라는 칸에 화살표가 멈추었다면 "누가 할머니를 구해
주었니?"라는 질문을 할 수 있다.

• '?' 칸에 화살표가 멈추면, 돌림판에 있는 낱말 중에 원하는 것
하나를 골라서 질문을 만들 수도 있고, 돌림판에 있는 낱말을 넣지
않고 다른 형태의 질문을 할 수도 있다.

3 친구가 만든
질문에 답하기

- 모둠에서 돌림판의 화살표를 돌린 친구가 질문을 말하면 다른 친구들이 답을 한다.

- 질문한 친구는 친구가 답할 때 "왜 그렇게 생각하니?"라고 질문을 하거나, "그렇게도 생각할 수도 있구나." 등의 말을 하면서 친구의 답에 적극적으로 반응해 준다.

4 질문과 답
공유하기

- 자신이 만든 질문 중 하나를 붙임 종이에 쓴 다음, 교실 뒤에 있는 질문 게시판에 붙인다.

- 학급 친구들은 질문 게시판에 붙은 질문을 읽고, 답하고 싶은 질문에 답을 달아 준다.

■ 우리나라 최초의 여성 비행사인 권기옥이 비행사가 되는 과정을 그린 『비행사 권기옥 이야기, 니 꿈은 뭐이가?』(박은정 글)를 읽고, '질문 디딤돌' 놀이를 하면서 5학년 학생들은 다음과 같이 질문을 만들었습니다.

> 누가 "권기옥이 비행사가 되도록 도움을 준 사람은 누구였나요?"
> 언제 "일본은 언제 조선을 침략했나요?"
> 어디서 "주인공은 어디에서 비행기 조종사가 되었나요?"
> 어떻게 "권기옥은 어떻게 학교를 다니게 되었나요?"
> 무엇 "권기옥의 꿈은 무엇이었나요?"
> 왜 "왜 여자들은 비행 학교에 들어가지 못했을까요?"
> ?(자유 질문) "권기옥은 비행기를 처음 보았을 때 어떤 기분이 들었나요?"

■ 질문을 만들어 보자고 하면 어떻게 만들어야 할지 망설이거나 기계적으로 '왜'로 시작하는 질문을 만들던 학생들도 '질문 디딤돌' 놀이 활동을 하면서 다양하게 질문을 만드는 모습을 보였습니다.

■ **돌림판에 있는 낱말을 넣어서 질문 만드는 것을 어려워할 때** 다시 한 번 화살표를 돌릴 수 있는 기회를 주고 그래도 질문을 만들지 못하면 '통과'를 외칠 수 있도록 합니다. 또는 돌림판은 한 사람씩 번갈아 가면서 돌리지만, 질문은 모둠 친구들과 같이 만들 수도 있습니다. 돌림판에 '누가, 언제, 어디서, 어떻게, 무엇, 왜'를 다 써야 하는 것은 아닙니다. 수업 목적이나 제재의 성격에 따라서 몇 개만 골라서 쓸 수도 있고 '만약에' 등의 낱말을 추가할 수도 있습니다.

■ **돌림판의 화살표를 만들 때** 돌림판의 화살은 클립의 한쪽 끝을 펴서 만듭니다. 클립으로 만든 화살을 돌림판의 가운데에 놓고 연필을 꽂은 다음, 손가락으로 클립을 팅겨 클립을 돌리는 방법으로 놀이를 합니다.

■ 돌림판의 각 칸에 '인물, 사건, 배경' 등의 낱말을 쓰고 이와 관련된 질문을 만들어 보도록 할 수 있습니다. '?'를 추가하여 자유롭게 질문을 만들 수 있게 하는 것도 좋습니다.

■ 아이스크림 막대나 주사위를 활용하여 '질문 디딤돌' 놀이를 할 수 있습니다. 아이스크림 막대나 주사위에 '누가, 언제, 어디서, 어떻게, 무엇, 왜, ?'를 쓴 다음, 아이스크림 막대를 뽑거나 주사위를 굴려서 나온 낱말을 넣어 질문을 만드는 방법으로 놀이를 진행할 수 있습니다.

질문 낚시 놀이

상상력을 키우는 것이 중요하다는 것은 누구나 인정하지만, 대부분의 상상하기 활동에서는 "상상해 보세요."라는 말만 제시하여 학생들이 무엇을, 어떻게 상상해야 할지 막막해하는 경우가 많습니다. '질문 낚시 놀이'는 '누가, 언제, 어디, 왜' 등의 단어를 활용하여 이야기를 상상할 수 있는 질문을 만들고, 낚시 놀이를 하면서 답을 하는 활동입니다. 기존의 이야기 상상하기 활동에서는 학생들의 상상력을 자극하기 위해 교사가 질문을 제시했다면, 이 활동은 학생들이 스스로 질문을 만들고 답을 한다는 점에서 차이가 있습니다.

1 **질문 만들기**

- 이야기를 읽기 전, 읽는 중이나 읽은 후 이야기를 상상하는 데 도움이 될 수 있는 '언제, 누가, 어디서, 무엇을, 어떻게, 왜' 등의 질문 또는 결말에 관한 질문을 만든다.

  예 『종이 봉지 공주』

  [누가] "종이 봉지 공주는 앞으로 누구와 만나게 될까?"

  [무엇] "종이 봉지 공주는 무엇을 하면서 살까?"

  [왜] "종이 봉지 공주는 왜 왕자에게 화를 냈을까?"

- 한 사람당 2~3개의 질문을 만든다.

2 **물고기 모양의 종이에 질문을 쓴 후 바구니에 담기**

- 만든 질문을 물고기 모양의 종이에 쓴다.

- 질문이 보이지 않도록 물고기를 뒤집어 바구니에 담는다. 붙임 종이에 쓴 경우 질문이 보이지 않도록 붙임 종이를 반으로 접은 후 바구니에 담는다.

3 낚시한 물고기에 쓰여 있는 질문에 대해 답하기

- 물고기를 모아 둔 바구니에서 물고기를 낚는다.

- 낚시를 한 물고기에 쓰여 있는 질문에 대해 답을 한다.

- 질문에 답을 한 후에 물고기를 더 낚을 수 있다.

- 질문에 답한 후 새로운 질문을 만들어 친구와 묻고 답할 수 있다.

  예 "왜 종이 봉지 공주는 그런 선택을 했을까?"

4 뒷이야기를 상상하여 만들기

- 질문과 답을 토대로 뒷이야기를 상상하여 만든다.

- 만든 이야기를 친구들에게 들려준다.

■ 2학년 학생들은 오소리 아줌마가 어느 날 회오리바람에 날아가면서 이야기가 시작되는 『오소리네 집 꽃밭』(권정생 글)을 읽는 중에, 오소리 아줌마가 그 후에 어떻게 되었을지 다음과 같은 질문들을 만들어 답을 하면서 이야기를 상상하였습니다.

> [어디] 오소리 아줌마는 어디로 갔을까요?
> "오즈의 마법사처럼 다른 마법의 나라로 갔을 것 같아요."
> "학교로 왔을 것 같아요."
>
> [누구] 오소리 아줌마는 누구랑 만날까요?
> "오소리가 무서워하는 것들을 많이 만날 것 같아요."
> "학교에 와서 아이들이랑 선생님이랑 학교에 사는 다른 동물을 만났을 것 같아요."
>
> [무엇] 오소리 아줌마는 회오리바람 안에서 무엇을 했을까요?
> "몸을 빙글빙글 돌리면서 날아갈 것 같아요."
> "파도 타는 것처럼 회오리바람 위를 타고 갈 것 같아요."

■ 평소 이야기를 상상할 때는 주로 주인공이 무엇을 했을까에 초점을 두어 상상하는 경우가 많았는데, '질문 낚시 놀이' 활동을 하면서 어디서, 어떻게, 무엇을 했을지 다양하게 생각하는 것을 볼 수 있었습니다.

■ **질문에 답은 하지 않고 낚시 놀이에만 치중할 때** 학생들이 물고기를 낚은 후 물고기에 쓰여 있는 질문에 답을 할 때 자신의 답에 대한 이유를 제시하도록 하면 질문에 대하여 성의껏 답하도록 할 수 있습니다.

■ **낚시 놀이 기구 만들기** 낚시 놀이 기구는 다음과 같이 간단하게 만들 수 있습니다. 이때 붙임 종이에 질문을 쓴 후 물고기 모양의 종이에 붙이면 물고기 모양

의 종이를 여러 번 쓸 수 있는 장점이 있습니다.

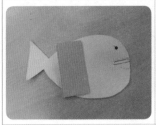

물고기 모양의 종이에 클립을 끼웁니다.

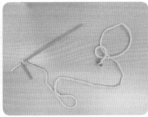

빨대나 수수깡에 털실을 연결합니다.

털실 끝에 장구 자석을 연결합니다.

이렇게도 할 수 있어요

■ 질문과 답을 바탕으로 한 이야기 상상하기 활동은 학생들의 흥미와 수준에 따라 그림 그리기, 역할극 또는 손가락 인형극 등 다양한 방법으로 할 수 있습니다.

■ '만약에 ~했다면'과 같이 예측할 수 없는 상황을 생각하게 하여 이야기를 상상할 수도 있습니다. ㄱ, ㄴ, ㄷ 등의 자음으로 시작하는 질문을 만들어 이야기를 상상해 보도록 합니다.

만약에...

ㄱ —— 길을 가다가 오소리 아줌마의 남편을 만났다면?

ㄴ —— 나무꾼과 선녀에 나오는 선녀를 회오리바람에서 만났다면?

ㄷ —— 다시 오소리 아줌마가 회오리바람을 탄다면?

⋮

'만약에'

학생들은 질문을 만들 때 엉뚱한 질문을 해서는 안 되고 답이 분명하게 있는 질문을 해야 한다고 생각합니다. 이 놀이는 '만약에'를 넣어서 상상적 질문을 만들어 보는 놀이입니다. '만약에'를 활용하면 학생들에게 질문을 시작할 수 있는 단서를 제공할 뿐만 아니라 학생들이 다소 엉뚱한 질문, 정형화되지 않은 질문을 만들면서 질문하는 재미를 느끼도록 도울 수 있습니다.

1 '만약에' 질문
만들기

• 한 사람당 4~5장씩 질문 카드를 갖는다.

• 글이나 그림을 보고 '만약에'를 넣어서 각자 질문 카드에 질문을
만든다.

> **예** "만약에 주인공이 학교에 가지 않았다면 어떻게 되었을까?"

2 질문 카드 모으기

• 만든 질문 카드를 모둠별로 모아서 모둠 책상 가운데에 뒤집어
놓는다.

• 각 모둠의 첫 번째 친구부터 순서대로 돌아가며 질문 카드를 뒤집어
질문을 읽는다.

3 **상상하여 질문에**
답하기
• 질문에 답을 하고 싶은 친구는 손을 들고 답한다.

• 다른 친구들이 질문에 답을 잘했다고 인정해 주면 답을 한 친구가
질문 카드를 갖는다.

• 다른 친구들이 답을 인정하지 않으면 질문 카드를 뒤집어서 질문
카드 더미 맨 아래에 넣는다.

• 놀이가 끝나고 질문 카드를 가장 많이 가진 사람이 이긴다.

4 **질문을 가지고**
상상하여 글쓰기
• 질문 카드의 질문 중에서 자기 마음에 드는 질문을 한 가지 골라서
그 질문을 주제로 상상하여 글쓰기를 한다.

■ 5학년 학생들은 마술 망원경, 마법 양탄자, 마술 사과를 가진 삼 형제가 병에 걸린 공주를 구한 뒤 누가 공주와 결혼하면 좋겠는지를 묻는 이야기를 다룬 『막내의 마술 사과』(박수현 글)를 읽었습니다. 그리고 학생들은 다음과 같이 '만약에' 질문을 만들고 그 중에 한 가지를 골라 상상하여 글을 썼습니다.

> "만약에 사과가 여러 개였다면?"
> "만약에 공주가 아프지 않았다면?"
> "만약에 막내의 사과가 없었다면?"
> "만약에 공주가 아니라 왕자가 아픈 것이었다면?"
> "만약에 사과, 양탄자, 망원경 중 한 가지라도 없었다면?"
> "만약에 막내가 마법의 사과로 마법의 사과 과수원을 만들었다면?"

만약에 마술 사과가 여러 개였다면?

셋째가 마술 사과를 여러 개 가지고 있었다면 공주의 병을 고치고도 셋째에게는 사과가 남아 있으므로 첫째가 공주와 결혼했을 것이다. 그 이유는 첫째가 마술 망원경으로 공주가 아픈 것을 보지 못했다면 공주의 병을 고치지 못했을 것이기 때문이다. 따라서 왕이 공주의 신랑감으로 첫째를 고를 것이다.

■ 학생들은 자신이 만든 질문에 친구들이 어떻게 상상하여 답을 할지 궁금해하며 '만약에' 질문 놀이에 적극 참여하는 모습을 보였습니다.

■ 놀이를 위한 글을 고를 때 '만약에' 질문 놀이를 처음 할 때에는 옛날이야기나 마술 소재가 등장하는 이야기를 고르면 학생들이 상상적 질문을 만들기가 수월합니다. 학생들이 '만약에' 질문을 만드는 것에 익숙해지면 역사적 사건이나

생활 속 이야기로 질문을 만들어 볼 수 있습니다. 또한 글 외에 영화, 그림 등 다양한 자료를 활용하여 '만약에' 질문을 만들 수도 있습니다.

▨ '만약에 당신이 동물로 변신할 수 있다면', '만약에 교실 책상이 말을 할 수 있다면' 등과 같이 '만약에 (당신이) ~할 수 있다면'의 형태로 상상적 질문을 만들고 답하며 놀이를 할 수 있습니다.

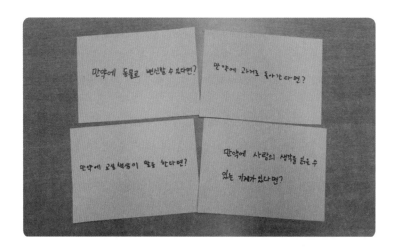

질문 광개토대왕

학생들은 복습을 할 때 교과서에 제시되어 있는 질문이나 교사의 질문에 답을 하면서 정리하는 경우가 많습니다. 그러나 학생들이 공부 시간에 배운 내용을 가지고 스스로 질문을 만든 다음, 친구와 묻고 답을 하면서 배운 것을 복습할 수도 있습니다. 이처럼 재미있게 질문을 만들면서 배운 것을 복습할 수 있는 놀이로 '질문 광개토대왕'이 있습니다. '질문 광개토대왕'은 질문을 만들 때마다 땅을 늘려 가고, 친구의 질문에 답하면서 땅을 차지하는 놀이입니다. 학생들은 땅을 많이 차지하기 위해 적극적으로 질문을 만들고 질문에 답을 하게 됩니다.

1 배웠던 내용
살펴보기

- 교과 학습이 끝난 후 배웠던 내용을 살펴본다.

- 붙임 종이를 붙일 수 있는 8절 도화지 크기의 종이를 땅따먹기
판으로 준비한다.

2 땅따먹기 판에
질문 채우기

- 두 명씩 짝이 되어 각자 붙임 종이에 질문을 써서 땅따먹기 판에
붙인다.

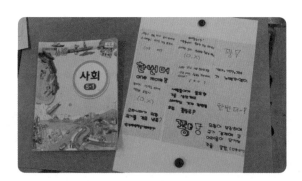

- 땅따먹기 판에 붙임 종이를 붙인 수만큼 점수를 획득한다. 이때, 각자
질문을 쓰는 펜의 색깔을 달리하거나 붙임 종이의 색깔을 다르게
하면 누가 더 많은 땅에 질문을 썼는지 쉽게 확인할 수 있다.

3 질문에 답하며
땅따먹기

- 땅따먹기 판에 질문을 다 채웠으면 판의 양쪽 끝 출발점에 각자 말을 놓고 말을 튕긴다.

- 말이 도착한 땅에 적혀 있는 질문을 읽고 질문에 제대로 답을 하면 그 땅의 주인이 된다. 이때, 각자 다른 색깔의 색연필로 땅을 색칠하면 나중에 누가 더 많은 땅을 따먹었는지 쉽게 확인할 수 있다.

- 말을 튕겨서 상대편의 땅에 말이 들어가면 상대편에게 기회가 넘어간다.

4 최종 승자 가리기

- 질문을 만든 땅의 개수와 질문에 답하여 표시한 땅의 개수를 더하여 최종 승자를 가린다.

- 만든 질문들을 살펴보면서 배웠던 내용을 정리한다.

■ 5학년 학생들은 사회 수업 시간에 '우리 경제의 성장과 발전'을 공부했습니다. 그리고 '질문 광개토대왕' 놀이를 하면서 다음과 같은 질문을 만들어 배운 내용을 복습했습니다.

> "1980년대에 발달했던 산업은?"
> "우리나라 주요 무역 상대국은 어디인가요?"
> "경제 성장을 위해 노력한 주체는 누구누구인가요?"
> "나라 간에 서로 필요한 것을 사고파는 활동을 무엇이라고 하나요?"
> "외환이 부족하여 국가 경제에 큰 어려움이 닥치는 것을 무엇이라고 하나요?"
> "사람들에게 필요한 것을 생산하고 소비하는 것과 관련된 모든 활동을 무엇이라고 하나요?"

■ 이 놀이의 장점은 질문을 만들면서 수업 시간에 배운 개념에 대해서 자신의 말로 정리할 수 있다는 것, 친구가 내 질문에 답한 것을 확인해 주면서 배운 내용을 복습할 수 있다는 것입니다. 실제 활동에서도 학생들이 스스로 질문을 만들고 서로의 답을 확인하면서 배운 내용을 다시 정리하는 모습을 볼 수 있었습니다.

■ 땅따먹기 칸을 다 채우기 어려워할 때 '꽝', '보너스', '한 번 더 발사!', '가위·바위·보해서 이긴 사람 땅!', '친구야, 사랑해! 세 번 외치기' 등의 칸을 둘 수 있게 하여 질문을 만드는 부담을 덜어 줄 수 있습니다.

■ 질문에 답을 하지 못할 때 이 놀이의 목적은 승패를 가리는 것이 아니라 배운 내용을 스스로 정리하고 확인하는 것이므로, 교과서나 참고 자료를 확인하여 답을 찾아보도록 합니다. 또 친구가 질문의 답을 물었을 때에는 답과 함께 그것이 답이 되는 이유나 부연 설명을 덧붙이도록 하는 것이 좋습니다.

- 땅따먹기 판에 질문을 만들 때 질문의 중요도나 난이도에 따라 점수를 다르게 부여하고, 놀이가 끝난 후 따먹은 땅의 점수를 계산하여 점수가 높은 사람이 이기는 것으로 할 수도 있습니다.

- 땅따먹기 판에 질문을 채운 다음, 다른 친구들이 만든 땅따먹기 판과 바꾸어 놀이를 하면 좀 더 다양한 질문을 만나면서 활동을 할 수 있습니다.

- 이야기를 읽거나 영화를 보고 질문을 만들어 땅따먹기 판에 쓴 후 '질문 광개 토대왕' 놀이를 하면 학생들이 자연스럽게 이야기나 영화에 대해 자신의 생각을 말할 수 있습니다.

- 4×4 칸에 질문을 채운 다음 오목놀이를 하듯이 답하고 싶은 질문에 바둑돌을 놓으면서 질문에 답하고, 먼저 4개의 바둑돌을 한 줄(가로, 세로, 대각선)로 놓는 사람이 이기는 방식으로 놀이를 할 수도 있습니다.

▼ 생각에 물음표를 달아요

질문 1, 2, 3, 4

　　탐정들은 사건을 해결할 때 인물이 왜 그러한 행동을 했는지, 왜 그 사건이 벌어졌는지 끊임없이 질문하며 추리를 합니다. 이처럼 인물이나 사건, 배경에 대해 질문하면서 이야기를 읽으면 줄거리나 사건의 원인과 결과를 파악하며 이야기를 꼼꼼하게 읽을 수 있습니다. '질문 1, 2, 3, 4'는 카드놀이 테마틱을 응용한 것으로 인물, 사건, 배경 등에 관한 질문을 먼저 만든 사람이 높은 점수의 카드를 가져가는 놀이입니다. 이 놀이를 통하여 학생들은 인물이 왜 그렇게 행동했는지, 그러한 사건이 왜 벌어졌는지 추론하면서 이야기를 읽을 수 있습니다.

1 **놀이판 준비하기** • 선생님이 주신 '인물, 사건, 배경, ?(자유 질문)' 카드를 살펴본다.

• '인물, 사건, 배경, ?(자유 질문)' 카드를 세로로 배열하고, 그 옆에 점수 카드를 1부터 4까지 차례대로 각각 배치한다.

2 **'질문 1, 2, 3, 4'**   • '인물, 사건, 배경, ?(자유 질문)'과 관련된 질문을 하면서 각 카드
놀이 방법 알기   옆에 놓인 높은 점수의 카드부터 가져간다는 놀이 방법을 이해한다.

> 인물: 인물에 관련된 질문
> 사건: 이야기의 사건 전개와 관련된 질문
> 배경: 사건이 전개된 시기 및 장소에 대한 질문
> ?(자유 질문): 인물, 사건, 배경과 관련된 질문이나 인물, 사건,
>   배경 중 어디에도 속하지 않는 질문, 이해가 되지 않는 내용을
>   묻는 질문 등 자신이 하고 싶은 질문

3 질문을 만들고
점수 카드
가져가기

- 모둠 친구들과 돌아가면서 '인물, 사건, 배경, ?(자유 질문)'에
해당하는 질문을 만들고 가장 높은 점수의 카드부터 가져간다.

- 이때 스피드 게임처럼 먼저 손을 드는 사람이 질문을 만들고 점수
카드를 가져가도 되고, 순서대로 돌아가면서 질문을 만들어도 된다.
순서대로 돌아가면서 질문을 만들 경우, 질문을 만들지 못하는
사람은 '패스'를 외친다.

- 놀이가 끝난 후, 점수의 합이 높은 사람이 이긴다.

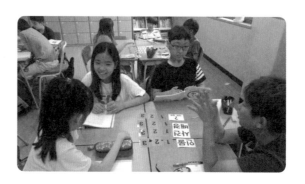

4 붙임 종이에
질문을 쓰고
이야기 나누기

- 놀이를 하면서 만들었던 질문들 중에서 가장 궁금한 질문, 학급
친구들과 이야기 나누고 싶은 질문을 1~2개 골라 붙임 종이에 써서
칠판에 붙인다.

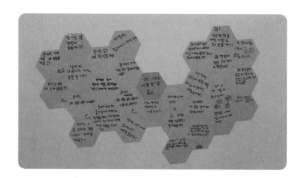

- 내가 칠판에 붙인 질문을 친구들에게 묻고 답을 듣는다.

■ 5학년 학생들은 우리나라에 천주교가 처음 들어올 때의 일을 그린 『책과 노니는 집』(이영서 글)에 실린 글 중 「해 기우는 서쪽 창」을 읽고, '질문 1, 2, 3, 4' 놀이를 하였습니다. 학생들이 만든 질문은 다음과 같습니다.

> 인물에 관한 질문
> "장이의 어머니는 왜 안 계실까?"
> "장이의 아버지는 왜 책을 필사했을까?"
>
> 사건에 관한 질문
> "관원들이 들이닥친 까닭은 무엇일까?"
> "장이는 왜 '동녘 동'자가 박힌 책을 모두 골라내야 된다고 했을까?"
>
> 배경에 관한 질문
> "이 이야기는 어느 시대 이야기일까?"
> "장이가 일하는 곳은 오늘날로 말하면 어디일까?"
>
> ? (자유 질문)
> "왜 천주학 책을 가진 사람은 죄인일까?"
> "왜 천주학 책을 읽는 것을 금지했을까?"

■ 학생들은 점수를 얻기 위해 인물의 행동, 사건의 전개 과정, 이야기가 펼쳐진 시대적 배경 등에 대해 질문을 하면서 이야기를 추론하며 읽는 모습을 보였습니다.

■ 질문 만들기를 어려워할 때 이야기의 분량이 많거나 학생들에게 생소한 역사적 사건을 다루고 있는 이야기일 경우에는 책을 보면서 질문을 만들 수 있도록 합니다.

■ **다른 친구의 질문을 제대로 듣지 않을 때** 높은 점수의 카드를 먼저 가져가기 위해 친구가 말하는 질문을 제대로 듣지 않고 내 질문을 말하기에 바쁜 학생들이 있습니다. 놀이를 시작하기 전에 친구의 질문을 끝까지 듣고 내 질문을 말하는 것으로 약속하고 놀이를 시작하는 것이 좋습니다.

■ **친구의 질문과 비슷한 질문을 할 때** 점수 카드를 가져가는 것에만 열중하여 친구의 질문을 잘 듣지 않고 앞 친구가 말한 질문과 비슷한 질문을 말하는 경우가 있습니다. 이럴 경우, 자신이 가진 점수 카드 중에서 가장 낮은 점수 카드를 다시 원래 자리에 갖다 놓는 것으로 하면 친구의 질문을 귀 기울여 듣게 할 수 있습니다.

이렇게도 할 수 있어요

■ '인물, 배경, 사건, ?(자유 질문)' 카드를 놓지 않고 점수 카드만 배열한 뒤, 이야기에 대한 어떤 질문이라도 먼저 만든 사람이 높은 점수의 카드를 가져가는 놀이로도 진행할 수 있습니다.

■ 작가나 등장인물에게 질문을 하는 활동을 할 수 있습니다. 점수 카드만 배열한 뒤 작가나 등장인물에게 질문을 할 때마다 점수 카드를 하나씩 가져갑니다. 나중에 점수 카드의 점수를 합산해서 점수가 가장 높은 사람이 이기는 놀이로 할 수 있습니다.

거꾸로 십자말풀이

대부분의 학생들이 질문에 대한 답을 찾기 위해서는 많이 고민하지만, 질문을 스스로 만들기 위해 고민하는 경우는 많지 않습니다. 기존의 십자말풀이가 주어진 문제에 대한 답을 맞히는 것이었다면, 이 활동은 반대로 십자말풀이의 문제를 만드는 것에 중점을 둡니다. '거꾸로 십자말풀이'를 통해 학생들은 질문을 정교하게 만드는 것을 연습하고, 상대방이 이해할 수 있도록 적합하게 질문을 하는 표현 능력을 기를 수 있습니다.

1 십자말풀이
정답판 만들기

• 배운 내용을 바탕으로 십자말풀이 정답판을 만든다.

	❶미		❷홍			
①원	인		③경	세	❸유	표
	②도	래		네		
				스		
			❹붕		④코	끼	리
	⑤❺백	두	산			
⑥화	성		탈			
			출			

2 정답판을 보고
질문 만들기

• 정답판을 보고 가로, 세로 답이 나오도록 질문을 만든다.

가로① 질문: 문제를 일으키는 현상을 뭐라고 할까?

세로❶ 질문: 신윤복이 그린 여자 그림의 제목은 뭘까?

• 필요할 경우 국어사전이나 책, 인터넷 등을 참고한다.

3 옆 모둠과
교환하여
십자말풀이
풀기

• 만든 질문들과 빈 정답판을 옆 모둠과 교환한다.

• 옆 모둠의 질문을 보고 십자말풀이를 한다.

• 질문에 답하면서 이해가 되지 않는 부분을 메모하여 질문을 만든
모둠에 준다.

4 **질문을 정교하게 수정하기**

- 옆 모둠이 푼 답과 우리 모둠이 생각했던 답을 비교해 본다.

- 옆 모둠이 준 메모를 확인하며 다른 모둠이 쉽게 답을 할 수 있도록 질문을 정교하게 수정한다.

5 **십자말풀이 놀이하기**

- 수정한 질문들과 빈 정답판을 멀리 떨어진 다른 모둠과 교환한다.

- 멀리 떨어진 다른 모둠에서 받은 질문을 보고 십자말풀이를 한다.

- 십자말풀이를 다 끝낸 다음, 질문을 만든 모둠 친구들에게 가서 얼마나 맞혔는지 확인을 받는다.

6 **느낀 점을 서로 이야기하기**

- 놀이를 하면서 느낀 점을 서로 이야기하며, 질문을 만들 때 주의해야 할 점에 대해 의견을 나눈다.

■ 6학년 학생들은 사회 시간에 조선 후기 역사를 공부한 후 '원인'이라는 단어를 설명하기 위해 교과서, 국어사전, 인터넷 등을 활용하여 다음과 같은 질문을 만들었습니다(1차). 그리고 이를 다시 수정하였습니다(2차).

1차 질문	2차 질문
문제를 일으키는 현상을 뭐라고 할까?	결과의 반대말은? 결과가 있으려면 앞에 뭐가 있어야 할까? 시험을 망친 여러 가지 이유가 있는데 그런 이유를 뭐라고 할까? 사건이 일어난 이유를 뭐라고 할까?

■ 학생들은 처음에는 국어사전과 인터넷, 교과서에 실려 있는 단어 풀이를 그대로 질문으로 썼지만, 그런 경우 친구들이 십자말풀이를 풀기 어려워하는 것을 보고 친구들이 쉽게 이해할 수 있도록 질문을 수정하였습니다. 교과서에 나오는 개념은 서로 알고 있어 쉽게 질문하고 답하였지만, 오히려 일상적으로 쓰는 단어를 설명하는 것을 어려워하였습니다. 그리고 친구가 가르쳐 주는 답을 듣고 "이렇게 물어봤으면 금방 알았을 것 같아." 라고 조언해 주기도 하였습니다.

■ 십자말풀이 정답판을 만들기 어려워할 때 교사가 미리 만든 십자말풀이 정답판을 줄 수도 있습니다.

■ 단어의 개념을 잘 못 찾을 때 단어의 개념을 찾을 때 종이로 된 국어사전 외에도 전자 국어사전이나 백과사전 등을 참고하게 하여, 하나의 단어에 대해 다양하게 정의할 수 있다는 것을 알 수 있도록 합니다. 사전에 있는 풀이를 그대로 옮기기보다는 자신의 말로 이해하여 풀어 써야 다른 친구들도 이해하기 쉽다는 것을 느낄 수 있도록 해야 합니다.

■ 자신과 친구의 질문에 대한 답들을 토대로 단어를 추측해 보는 '질문 탐정 놀이'를 할 수 있습니다.

질문 탐정 놀이

1. 모둠별로 주제와 관련된 단어를 하나 정한다.
2. 다른 모둠의 단어를 맞히기 위해 어떤 질문을 할지 생각한다.
3. 한 명은 모둠에 남아 다른 모둠에서 온 친구들이 하는 질문에 답을 하고, 나머지 모둠 친구들은 각자 다른 모둠으로 가서 그 모둠의 단어를 맞히기 위해 질문을 세 개씩 한다. 각각 다른 모둠에서 모이기 때문에 다른 모둠에서 온 친구들의 질문도 귀 기울여 들어야 한다.
4. 원래 모둠으로 와서 다른 모둠의 단어가 무엇인지 생각해 본다. 생각한 단어가 맞는지 확인하기 위해서 어떤 질문을 하면 좋을지 의논한 후, 앞의 3단계에서 갔던 모둠으로 다시 가서 좀 더 정교하게 질문한다.
5. 원래 모둠으로 돌아와서 추측한 단어를 발표한다. 만든 질문을 살펴보고, 어떤 질문을 했을 때 단어를 잘 맞혔는지 생각해 본다.

"십자말풀이에서 문제를 푸는 것만 하다가 문제를 내려고 하니 어려웠다."
"내가 직접 문제를 낼 때는 금방 알 수 있을 것 같았는데, 막상 친구들이 낸 문제를 풀어 보려고 하니까 어려웠다. 문제 내는 것도 공부가 되는 것 같다."
"친구들과 함께 문제를 만들어서 재미있었다. 퀴즈를 푸는 것처럼 흥미진진하였다."

물음표의 무게를 생각해요

질문의 중요도 판단하기

- 질문 요술 램프
- 질문 과녁 맞히기
- 질문 피라미드
- 가장 재미있는 질문은?

질문 요술 램프

　　만약 요술 램프가 있어 내가 가진 질문 중에 단 한 개의 질문에만 답을 해 준다면 어떤 질문을 선택해야 할까요? 인생을 살아가는 데 가장 중요한 질문 혹은 꼭 답을 구해야 하는 질문은 무엇일까요? 이 활동은 어떤 질문이든 답을 해 주는 요술 램프에 딱 한 가지 질문만 할 수 있다면, 살아가면서 만나는 수많은 질문 중에 무엇을 선택할지 생각해 보는 놀이입니다. 이 활동을 통하여 학생들은 삶에서 어떤 질문이 중요한지, 여러 가지 질문들 중에서 어떤 질문이 상위의 질문인지 생각해 볼 수 있습니다.

1 내가 제일 답을 듣고 싶은 질문 만들기

• 어떤 질문이든 답을 해 줄 수 있는 요술 램프가 있다면 어떤 질문을 하고 싶은지 생각하여 붙임 종이에 모두 쓴다.

• 각자 만든 질문을 모아서 모둠 친구들과 서로 살펴본다.

2 서로 비슷한 질문끼리 묶기

• 모둠에서 만든 질문 중 내용이 비슷한 질문들은 같은 묶음으로 묶는다.

> 예 "나는 언제까지 살 수 있니?", "나는 언제 죽니?"는 같이 묶는다.

• 모둠에서 만든 질문 중 서로 포함시킬 수 있는 질문들은 같은 묶음으로 묶는다.

> 예 "어떤 사람이 부자지?", "부자가 되려면 어떻게 해야 하니?"는 같이 묶는다.

• 질문을 만든 사람은 왜 그런 질문을 했는지 친구들에게 이야기해 주고, 질문에 대해 함께 생각해 본다.

> 예 "언제까지 살지 알면 어떻게 살지 생각해 볼 수 있기 때문이다."

3 **묶은 질문들을 포괄할 수 있는 질문 만들기**

• 질문 묶음 안에 묶은 질문들을 포괄할 수 있는 질문이 있으면 그 질문을 선택하고, 없으면 질문들을 포괄할 수 있는 각 묶음의 대표 질문을 만든다.

4 **행복하게 살기 위해 가장 묻고 싶은 질문 선정하기**

• 각 묶음을 포괄하는 대표 질문 중에서 '행복하게 살기 위해 가장 궁금한 질문'은 무엇인지 모둠 친구들과 함께 생각하여 모둠의 대표 질문으로 선정한다.

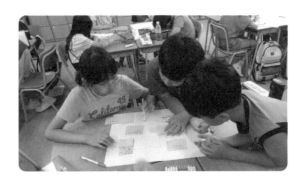

• 모둠별로 선정한 대표 질문과 그 질문을 선정한 이유를 반 친구들에게 발표한다.

5 **우리 반 대표 질문 선정하기**

• 각 모둠에서 발표한 질문을 살펴본다.

• 학급 토의를 통해 각 모둠에서 발표한 질문 중에서 우리 반 대표 질문을 선정한다.

6 **요술 램프가 되어 질문에 답하기**

• 내가 만약 요술 램프라면 우리 반 대표 질문에 어떻게 답을 할지 생각해 본 후, 이를 발표한다.

■ 5학년 학생들은 나에게 어떤 질문이라도 대답해 줄 수 있는 요술 램프가 생긴다면 다음과 같은 질문을 할 것이라고 하였습니다.

> 내가 나중에 커서 잘 살 수 있을까? / 내 장래 희망이 이루어질까? / 내가 어떤 회사에 다닐까? 대기업일까? / 나는 어느 대학을 가니? / 나는 몇 살에 결혼해? / 나는 누구랑 결혼해? / 나는 언제, 어떻게 죽을까? / 내가 지금 키가 작아서 고민인데 나중에 키가 커질까? / 내년의 나의 운세는 어떻게 될까? / 어떻게 해야 공부를 잘할 수 있을까? / 우리 반에서 누가 제일 똑똑한가요? / 학원이 없는 세상이 오나요? / 초능력자가 세상에 존재하나요? / 우주인이 진짜 있나요? / 내가 게임기를 선물 받게 될 때는 언제일까? / 나는 전생에 뭐였나요? / 나의 9월 짝은 누구일까?

■ 학생들은 '행복한 삶을 살기 위한 질문'을 기준으로 다음과 같은 질문을 모둠 대표 질문으로 선정하였습니다.

1모둠 "내가 꼭 만나야 하는 사람은 누구일까?"
　　　 (나를 가장 많이 변화시키므로)

2모둠 "내가 언제까지 살 수 있을까?"
　　　 (누구나 궁금해 할 것 같은 질문이므로)

3모둠 "부자가 되기 위해서는 어디에 투자를 해야 할까?"
　　　 (부자가 되기 위해 가장 필요하므로)

4모둠 "나는 누구랑 결혼하게 될까?"
　　　 (나의 미래에 큰 영향을 줄 수 있으므로)

■ 각 모둠의 대표 질문 중에서 우리 반 대표 질문을 선정해 보는 활동을 하였습니다. 학생들은 1모둠과 4모둠의 대표 질문은 같은 질문이라고 판단하였으며, 부자가 되기 위해서도 결국 좋은 사람을 만나야 한다고 하였습니다. 그리고 언제까지 살지는 궁금하기는 하지만 바꿀 수 있는 것이 아니므로, 우리 반의 대표 질문으로 "내가 꼭 만나야 하는 사람은 누구일까?"를 골랐습니다.

이럴 때는 이렇게

■ **램프에 관한 질문들만 할 때** 저학년의 경우 요술 램프에 질문을 하라고 하면, "너 진짜 요정이니?", "넌 요정인데 어떻게 말을 하니?", "램프 안은 어떻게 생겼어?" 등 요술 램프에 대해 궁금한 점을 질문하는 경우가 많습니다. '자신에 대하여 궁금한 점 질문하기'라고 과제를 명확하게 제시하는 것이 중요합니다. 하지만 이때 교사가 예시를 들지 않는 것이 좋습니다. 예시를 들어 주는 순간 학생들이 예시에 국한하여 사고하는 것을 볼 수 있습니다.

이렇게도 할 수 있어요

■ 서로 비슷한 질문끼리 묶고 그 질문들을 대표할 수 있는 질문들을 만들면서 질문 생각그물을 만들 수도 있습니다. 비슷한 것끼리 묶은 뒤 그 층위를 비교하여 상위의 중심 질문을 만들고, 해당 중심 질문에 속하는 하위의 질문을 추가로 만들어 볼 수도 있습니다.

질문 과녁 맞히기

학생들이 질문을 만들고 그 질문의 우선순위를 정해 보는 것은 자신이 만든 질문에 대하여 스스로 생각해 볼 수 있다는 점에서 중요합니다. '질문 과녁 맞히기'는 학생들이 질문의 중요도를 기준으로 질문에 점수를 부여한 다음, 공을 던져 맞춘 과녁의 점수에 해당하는 질문에 답하는 놀이입니다. 이 놀이를 통하여 학생들은 친구들과 토의를 하면서 어떤 질문이 중요한 질문인지 생각해 볼 수 있습니다.

1 **모둠별로 질문 만들기**

- 이야기를 읽고, 인물의 행동이나 줄거리에 대하여 궁금한 점을 질문으로 만든다. 작가에게 궁금한 점을 질문으로 만들 수도 있다.

- 네 명이 한 모둠이 되어 모둠별로 9개의 질문을 만든다.

2 **질문에 점수 부여하기**

- 만든 질문을 모둠 친구들과 토의하여 가장 중요한 질문에는 3점, 두 번째로 중요한 질문에는 2점, 세 번째로 중요한 질문에는 1점을 부여하여 모둠 학습지에 붙인다.

- 모둠 친구들과 의견을 나눌 때 자신이 어떤 질문에 왜 그 점수를 부여하는지 이유를 밝히고, 모둠 친구들과 토의하여 질문에 부여한 점수를 합의한다.

3 **중요도 선정 결과 발표하기**

- 학급의 전체 친구들에게 자신의 모둠에서 3점, 2점, 1점을 부여한 질문들과 그렇게 부여한 이유를 발표한다.

- 다른 모둠 친구들의 발표를 들으며 그 점수가 타당한지 서로 이야기를 나눈다.

| **4** | 질문 붙이고 과녁 그리기 | • 칠판에 있는 3점, 2점, 1점 점수 옆에 해당 점수의 질문을 붙인다. |

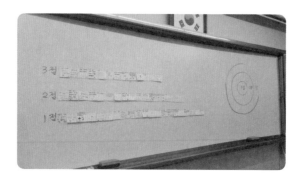

• 칠판에 과녁을 그리고, 가운데 과녁부터 3점, 2점, 1점을 쓴다.

| **5** | 과녁 맞히고 질문에 답하기 | • 모둠별로 한 줄로 서서 공을 던져 과녁을 맞히고 맞힌 점수에 해당하는 질문을 떼어서 답을 한다. |

• 친구들이 질문에 알맞은 답을 했다고 인정해 주면 질문 종이를 가진다.

• 질문에 알맞은 답을 하지 못하면 질문 종이를 원래 자리에 다시 붙인다.

• 과녁을 맞히지 못하면 모둠 줄의 맨 뒤에 가서 선다.

• 마지막 질문 종이가 없어질 때까지 모둠별로 번갈아 공을 던지고 가장 많은 점수를 얻은 모둠이 이긴다.

■ 5학년 학생들은 국어 시간에 『늑대가 들려주는 아기 돼지 삼 형제 이야기』(존 셰스카 글)를 읽고 다음과 같이 질문을 만들었습니다. 학생들은 이야기의 내용을 파악하기 위한 질문보다는 답이 다양하게 나올 수 있는 질문과 답이 가장 궁금한 질문을 중요한 질문으로 선정하고 높은 점수를 부여했습니다.

3점

"만약에 아기 돼지 삼 형제가 다 같이 살았다면 어떻게 되었을까?"

"세 아기 돼지들이 집을 다 튼튼하게 만들었다면 어떻게 되었을까?"

"작가는 왜 아기 돼지 삼 형제 이야기를 골라서 이야기를 바꾸었을까?"

"늑대가 들려주는 아기 돼지 삼 형제 이야기처럼 다른 등장인물의 관점으로 바꿀 수 있는 이야기에는 무엇이 있을까?"

2점

"늑대는 왜 심한 감기에 걸렸을까?"

"아기 돼지들은 왜 늑대에게 욕을 했나요?"

"만약에 설탕이 부족하지 않았다면 어떻게 되었을까?"

"늑대는 왜 설탕을 사지 않고 나쁜 아기 돼지들한테 얻으려고 했을까?"

1점

"늑대는 왜 죽은 돼지를 먹었을까?"

"늑대는 왜 아기 돼지들의 집에 갔다고 했나요?"

"늑대는 왜 아기 돼지 집 앞에서 재채기를 했을까?"

"막내 돼지는 왜 늑대의 부름에 아무 말도 하지 않았을까?"

■ 질문의 중요도에 대하여 토의하고 논의하는 것에 소홀할 때 질문에 답을 정확하게 하는 것도 중요하지만, 질문의 중요도를 생각해 보고 모둠 친구들과 의논하여 가장 중요한 질문은 무엇인지 선정하는 것에 초점을 두어 진행해야 하는 놀이임을 학생들에게 알려 줍니다.

■ 1점을 받은 질문이 더 중요하다고 판단될 때 교사의 기준으로 봤을 때 더 중요하다고 생각되는 질문인데, 학생들은 덜 중요한 질문으로 분류하는 경우가 있습니다. 이럴 때는 학생들이 그렇게 분류한 까닭을 들어 보고 되도록 학생들의 의견을 존중해 주는 것이 좋습니다.

이렇게도 할 수 있어요

■ 바둑돌을 내놓는 방식으로 질문의 중요도를 매길 수 있습니다. 개인별로 만든 질문을 모둠 책상 가운데에 모은 다음, 돌아가면서 질문을 읽고 질문의 가치, 중요도를 고려하여 바둑돌을 내놓습니다. 그리고 제일 많은 바둑돌을 받은 질문을 모둠의 가장 중요한 질문으로 선정합니다.

질문 피라미드

학생들이 자신이 만든 질문이 얼마나 중요한지 판단하고, 왜 중요한지 말할 수 있다면 얼마나 좋을까요? '질문 피라미드'는 질문을 만든 다음 친구와 만나 자신의 질문이 중요한 이유를 친구에게 설명한 뒤, 자신과 친구의 질문 중에 더 중요하다고 생각하는 질문을 선정하는 놀이입니다. 질문 선정 과정에 모든 학생들이 참여할 수 있고 서로 의견을 나누면서 중요한 질문을 정하기 때문에, 이 놀이를 하면서 학생들은 자신이 만든 질문에 대해 충분히 생각하고 이야기를 나눌 수 있습니다.

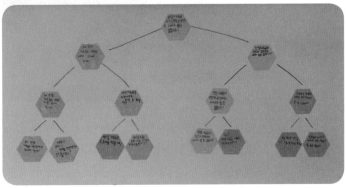

1 **질문 만들기**
- 그림이나 글, 음악을 접한 후 그것의 내용과 관련하여 떠오른 궁금증을 질문으로 만든다.
- 만든 질문 중 가장 중요하다고 생각하는 질문 한 개를 질문 카드에 쓴다.

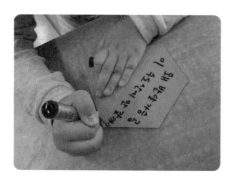

- 질문 카드에 적은 질문이 중요한 이유도 생각한다.

2 **1:1로 만나서 질문 선정하기**
- 교실을 돌아다니며 친구를 만나 친구가 만든 질문을 보고, 그 질문이 왜 중요한지 묻는다.
- 친구에게 자신이 만든 질문이 얼마나, 왜 중요한지 설명한다.
  - 예 "내 질문은 '어떻게 하면 시를 잘 쓸 수 있어요?'라는 질문이야. 이 질문을 하면 시를 잘 쓰는 방법을 알 수 있어서 이 질문이 중요한 질문이라고 생각해."

- 서로 의논하여 두 사람의 질문 중에 더 중요하다고 생각하는 질문을 한 개 선정한다.

- 선정되지 않은 질문은 선정된 질문 카드 뒤에 두어, 나중에 놀이가 끝나고 나서 어떤 과정을 거쳐서 중요한 질문이 선정되었는지 확인할 수 있도록 한다.

3 **2:2로 만나서 질문 선정하기**
- 앞의 단계에서 질문을 선정한 친구들끼리 한 팀이 된다.
- 2:2로 친구들을 만나 질문의 중요도를 설명하며 두 개의 질문 중에 더 중요한 질문 한 개를 선정한다.

4 **4:4로 만나서 질문 선정하기**
- 네 명의 친구가 선정된 질문을 가지고 네 명으로 이루어진 다른 팀의 친구들을 만난다.
- 두 팀의 질문 중에 더 중요하다고 생각하는 질문을 선정한다.

5 **가장 중요한 질문 선정하기**
- 4:4 질문에서 선정된 질문을 반 전체에 제시한다.
- 제시된 질문 각각에 대해 그것이 왜 중요한 질문인지 함께 생각해 보고 토의를 통해서 가장 중요한 질문을 선정한다.
- 선정된 질문에 대해 답을 하면서 이야기를 나눈다.

■ 5학년 학생들은 사회 시간에 신문 기사 「"지리산은 좁아" 살길 찾아 떠나는 반달가슴곰을 어찌할까?」(이미지 기자, 동아일보 2017년 8월 17일자)를 읽고, 다음과 같은 질문을 만들었습니다. 학생들은 자신의 질문이 중요한 질문으로 선정되도록 하기 위해 중요한 질문을 만들려고 노력하였고, 친구에게 자신의 질문이 중요한 이유를 적극적으로 제시하며 친구를 설득하려 했습니다.

1:1로 만났을 때

"왜 반달가슴곰 이름이 KM53일까?"

"반달가슴곰이 인간과 공생하는 사이가 될 순 없을까?" (선정된 질문)

"왜 반달가슴곰이 수도산에만 갈까?"

"인간들이 산에서 나가면 반달가슴곰이 잘 살 수 있을까?" (선정된 질문)

"반달가슴곰이 도토리를 먹을까?"

"반달가슴곰을 다른 나라로 보낼 순 없을까?" (선정된 질문)

"사람들이 곰에게 먹이를 던져 주면 안 될까?"

"왜 반달가슴곰은 지리산에만 있어야 할까?" (선정된 질문)

2:2로 만났을 때

"인간들이 산에서 나가면 반달가슴곰이 잘 살 수 있을까?"

"반달가슴곰이 인간과 공생하는 사이가 될 순 없을까?" (선정된 질문)

"반달가슴곰을 다른 나라로 보낼 순 없을까?"

"왜 반달가슴곰은 지리산에만 있어야 할까?" (선정된 질문)

4:4로 만났을 때

"왜 반달가슴곰은 지리산에만 있어야 할까?"

"반달가슴곰이 인간과 공생하는 사이가 될 순 없을까?" (선정된 질문)

■ **어떤 질문을 선택해야 할지 어려워할 때** 저학년일수록 자신의 질문을 포기하지 못하는 경우가 많습니다. 또한 친하거나 반에서 인기 있는 친구의 질문을 뽑는 경우도 종종 있습니다. 공정하게 질문을 선택해야 한다고 약속하고 놀이를 시작하는 것이 좋으며, 다음 표와 같이 질문을 선택하는 명확한 기준을 제시해 줄 수도 있습니다. 학생들은 질문 선정을 위한 항목을 정하면서 어떤 질문이 좋은 질문인지 생각해 볼 수 있습니다. 항목은 학년의 수준이나 질문의 목적에 따라 달리할 수 있습니다.

질문 선정을 위한 기준

항목 이름	자료를 이해하는 데 중요한 질문인가요?			함께 생각할 수 있는 질문인가요?			우리 삶을 개선하는 데 도움이 되는 질문인가요?			총점
	5	3	1	5	3	1	5	3	1	
	5	3	1	5	3	1	5	3	1	
	5	3	1	5	3	1	5	3	1	

■ **자신의 질문이 선택되지 못한 것을 아쉬워 할 때** 놀이를 시작하기 전에 어떤 질문이든 질문 자체로 충분한 가치를 지니고 있음을 알려 줍니다. 또 선정되지 않은 질문들을 일정 기간 교실에 게시하여 그 질문들의 의미와 가치에 대하여 다 함께 생각할 기회를 주는 것도 좋습니다. 그리고 놀이를 할 당시에는 더 의미 있다고 생각했던 질문들에 대해서도 시간이 지나면 생각이 바뀔 수 있으므로, 같은 질문들을 가지고 시간이 지난 후 다시 한 번 놀이를 할 수도 있습니다.

■ **질문은 좋은데 설득을 잘 못하여 질문이 선정되지 못할 때** 좋은 질문임에도 친구들에게 자기 질문의 의미와 중요성을 제대로 설명하지 못하여 선정되지 않는 경우도 있습니다. 이럴 때에는 선정되지 못한 질문 중에서 자신이 중요한 질문이라고 생각하는 것을 고르고, 그 질문이 왜 중요한지를 친구들에게 설명하게 합니다. 친구들이 중요한 질문이라고 새롭게 인정해 주면 이 질문을 중요한 질문 목록에 올리도록 합니다.

■ **토론할 친구를 못 만날 때** 학급 인원수에 따라 토론할 친구나 팀을 만나지 못하는 경우도 있습니다. 이때에는 부전승으로 올라갈 수 있도록 할 수 있습니다.

이렇게도 할 수 있어요

■ 질문과 함께 자신의 질문이 왜 중요한지 그 이유를 적어 질문 게시판에 붙이도록 합니다. 그런 다음 학생들에게 중요한 질문이라고 생각하는 것에 스티커를 붙이게 하여 중요한 질문을 뽑을 수도 있습니다.

■ 피라미드 토론처럼 상대방이 내 질문에 대하여 할 것 같은 질문을 미리 예측하여 답변을 준비할 수도 있습니다. 이를 위하여 다음 표와 같은 자료를 제공해 줄 수 있습니다.

질문 피라미드를 위한 준비

내 질문	
내 질문이 중요하다고 생각하는 이유	
내 질문을 보고 상대방이 할 것 같은 질문	
상대방 질문에 대한 답변	

가장 재미있는 질문은?

질문을 잘하기 위해서는 질문 자체에 대해 생각하고 판단하는 태도와 힘이 필요합니다. '가장 재미있는 질문은?'은 학생들이 질문을 만들고, 만든 질문에 대해 생각하고 이야기를 나누면서 재미있는 질문을 선정하는 활동입니다. 질문을 읽고 어떤 질문이 왜 재미있는지 이유를 생각하며 가장 재미있는 질문의 우선순위를 정하는 과정에서 학생들은 질문의 성격과 의미에 대하여 생각해 볼 수 있습니다.

1 그림을 보고
질문 만들기

• 그림(자료)을 꼼꼼하게 본다.

• 그림(자료)을 보고 떠오르는 질문을 모둠 칠판에 적는다.

• 질문은 한 명씩 돌아가면서 적을 수도 있고, 여럿이 의논하여 적을 수도 있다. 서기를 정하여 친구들이 말한 질문을 적어도 된다.

2 가장 재미있는
질문 선정하고
답하기

• 모둠 친구들과 의논하여 가장 재미있다고 생각하는 질문을 세 가지 고른다. 이때, 그 질문이 가장 재미있다고 생각하는 이유를 밝히며 질문을 선정한다.

• 모둠에서 고른 가장 재미있는 질문 세 가지를 개별 학습지에 옮겨 쓰고 질문에 답을 한다.

3 가장 재미있는
세 가지 질문
발표하기

- 학급 전체 친구들에게 자신의 모둠에서 가장 재미있다고 선정한 세 가지 질문과 그 질문을 선정한 까닭을 발표한다.

- 다른 모둠에서 발표한 질문과 우리 모둠에서 선정한 질문을 비교해 본다.

4 그림을 재미있게
소개하는 글쓰기

- 가장 재미있는 질문 세 가지와 그에 대한 답을 연결하여 가족이나 친구에게 그림(자료)을 소개하는 글을 쓰고 발표한다.

■ 5학년 학생들은 피카소의 그림 〈세 악사〉를 보고 다음과 같이 질문을 만들었습니다.

파블로 피카소, 〈세 악사〉

"왜 악보가 물에 젖었을까?"

"사람은 모두 몇 명인가요?"

"몇 개의 그림자가 있나요?"

"악보에 음표가 몇 개인가요?"

"왜 바탕을 하양, 파랑, 검정으로 했을까?"

"왜 가구를 섞어서 인물이나 동물을 표현했을까?"

"검은색 옷을 입은 사람은 마법사일까, 사신일까?"

■ 그리고 가장 재미있다고 생각하는 질문 세 가지를 골랐습니다.

"사람은 모두 몇 명인가요?"

"악보에 음표가 몇 개인가요?"

"검은색 옷을 입은 사람은 마법사일까, 사신일까?"

■ 그런 다음 그림을 소개하는 글을 써 보았습니다. 질문과 그에 대한 답이 있었기 때문에 어떻게 그림을 소개할지 고민하지 않고 바로 글을 쓸 수 있었습니다.

이 그림에는 사람들이 있고 물건도 보인다. 또한 동물도 보인다. 가장 궁금했던 질문이 있었다. 저 검은색 옷을 입은 남자는 마법사 같기도 하고 죽은 사람들을 데려가는 사신 같기도 해서 친구들의 의견을 물어보니 사신이라고 한다. 또 그 사람이 들고 있는 물건 즉, 악보와 음표가 몇 개인지 궁금했다. 눈을 크게 뜨고 봐 보니 4개였다. 혹시 음표가 움직이지 않았을까? 그리고 원래는 사람이 두 명이 있는지 알았는데 알고 보니 세 명이었다. 한 남자는 코로 피리 같은 것을 불고 있고, 입 큰 남자는 허세를 부리면서 기타를 치고 있고, 사신으로 결정된 사람은 물에 젖은 악보를 들고 있다. 총정리해 보니 괴물들의 밴드인 것 같다. 이름을 지어 주자면 괴.밴!

■ 선생님한테 질문하여 궁금증을 해결하려고 할 때 학생들이 "저게 뭐예요?"와 같이 교사에게 질문하는 경우가 있습니다. 이럴 때 교사는 학생들의 질문에 답하지 말고 학생들이 모둠 칠판에 질문을 쓰고 스스로 답을 생각할 수 있도록 안내합니다.

■ 우선순위 선정의 기준을 다른 것으로 하고 싶어 할 때 가장 중요한 질문, 가장 궁금한 질문 등의 기준으로 질문의 우선순위를 정해도 됩니다. 교사가 제시하는 기준 외에 질문의 우선순위를 정하는 다른 기준을 정하고 싶다면 모둠 친구들과 의논하여 새로운 기준을 정할 수 있습니다.

■ 가장 재미있는 질문을 고른 다음, 질문과 그에 대한 답을 가지고 그림에 대한 노래나 스토리가 있는 만화를 만들어도 됩니다.

■ 애니메이션이나 영화를 보고 나서 질문을 만든 다음, 작가에게 묻고 싶은 질문 세 가지를 골라서 작가에게 보내는 편지를 쓸 수도 있습니다.

03

물음표를 소중히 여겨요

질문을 하는 태도, 질문을 듣는 태도 돌아보기

- 질문 귓속말
- 질문 공 던지기
- 알·올챙이·개구리
- 궁금이와 친구들

■ 물음표를 소중히 여겨요

질문 귓속말

학생들은 친구의 질문을 들으면서 적극적으로 반응하거나, 친구가 왜 그러한 질문을 하는지 이해하며 공감해 주는 데 미숙합니다. 다른 사람의 질문을 귀 기울여 듣고 긍정적으로 받아 주는 것은 질문하는 문화를 교실에 안착시키기 위해 매우 중요합니다. '질문 귓속말'은 친구의 질문에 "정말 기발한 질문이다.", "나도 그 점이 궁금했는데."와 같은 공감 표현을 하면서 질문을 전달하는 놀이입니다. 이 놀이를 하면서 학생들은 친구의 질문에 적극적으로 공감하는 표현을 익힐 수 있습니다.

1 언어적, 비언어적
공감 표현
생각하기

- 친구의 질문을 들을 때 적극적으로 반응하는 방법, 친구의 질문에 공감하는 말과 행동을 아는 대로 적는다.

- 적은 것을 모둠별로 모은 뒤 친구들과 언어적 공감 표현(이렇게 말해요)과 비언어적 공감 표현(이렇게 행동해요)으로 분류하여 도화지에 쓴다.

> **언어적 공감 표현의 예** "으응.", "다시 한 번 질문해 줄래?", "정말 좋은 질문이다.", "나도 그 점이 궁금했는데."

> **비언어적 공감 표현의 예** 질문하는 친구 바라보기, 질문하는 친구 쪽으로 몸 기울이기, 고개 끄덕이기

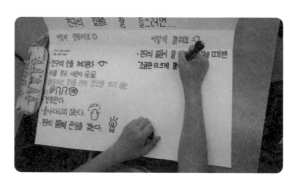

2 질문 카드에
질문 만들기

- 각자 빈 질문 카드를 4장씩 갖는다.

- 글을 읽고 떠오르는 질문을 질문 카드에 적는다.

- 개인별로 만든 질문 카드를 한데 모아 모둠 책상 가운데에 엎어 놓는다.

3 적극적으로
반응하고
공감하며
질문하고 답하기

- 모둠에서 한 친구는 질문하고, 나머지 친구들은 적극적으로 반응하고 공감하는 방법을 말과 행동으로 표현한다.

- 친구의 질문에 성의를 다하여 답한다.

4 친구에게
귓속말로 질문
전달하기

- 모둠별로 만든 질문 카드를 모아서 다른 모둠의 질문 카드와 바꾼다.
- 모둠별로 한 줄로 서서 첫 번째 친구가 눈으로 질문을 확인하고 두 번째 친구에게 귓속말로 질문을 전달한다.

5 공감 표현을 하며
귓속말로 질문
전달하기

- 두 번째 친구는 앞 친구가 귓속말로 전달한 질문을 듣고 "정말 좋은 질문이다." 또는 "나도 그 점이 궁금했는데."와 같은 공감 표현을 한 다음 자신이 들은 질문을 세 번째 친구에게 귓속말로 전달한다.
- 귓속말로 질문을 전달받은 마지막 친구가 질문을 큰 소리로 말하고 처음에 전달하고자 했던 질문과 일치하면 점수를 얻는다. 제한 시간 동안 점수를 많이 얻은 모둠이 이긴다.

▪ 5학년 학생들은 놀이를 하기 전에 어떻게 말하고 행동해야 친구의 질문에 적극적으로 반응하고 공감하며 들을 수 있는지 의견을 말하고, 이를 다음과 같이 분류하였습니다.

이렇게 행동해요	이렇게 말해요
- 맞장구를 쳐 준다. - 성의 있게 대답한다. - 고개를 끄덕끄덕한다. - 친구의 눈을 바라본다. - 귀를 기울이고 경청한다. - 질문을 잘 듣지 못했을 때에는 친구가 기분 나쁘지 않게 부탁한다.	- "와! 그런 생각도 있네." - "아, 그렇구나." - "응", "아하!", "오~" - "와! 좋은 질문이다." - "우와! 나는 그런 생각을 못 했는데 대단하다." - (친구의 질문이 잘 들리지 않을 때) "조금만 더 크게 말해 줄래?"

▪ 국어 시간에 5학년 학생들은 말을 타고 먼 길을 달려와 남매에게 책을 빌려주는 아주머니의 이야기를 그린 『꿈을 나르는 책 아주머니』(헤더 헨슨 글)를 읽고, 다음과 같은 질문을 만들어 '질문 귓속말' 놀이를 했습니다.

> "책 아주머니는 왜 계속 찾아왔을까?"
>
> "왜 제목이 '꿈을 나르는 책 아주머니'지?"
>
> "왜 칼은 아주머니가 용감하다고 생각했을까?"
>
> "책 아주머니는 왜 눈보라가 부는 날인데도 찾아오는 걸까?"
>
> "아주머니가 책을 가지고 오셨을 때 칼은 어떤 생각을 했을까?"
>
> "라크는 왜 책을 황금 보듯이 하고 책이 든 가방에 손을 뻗었을까?"

▪ 학생들은 질문을 전달하기 위해 귀를 기울여 질문을 잘 들으려고 노력하였으며, 놀이를 하면서 자연스럽게 친구의 질문에 공감하는 표현을 익혔습니다.

- **전달할 질문의 길이가 너무 길 때** 전달할 질문의 길이가 지나치게 길면 학생들이 공감 표현까지 하면서 질문을 기억하여 전달하기가 어렵습니다. 이 놀이의 핵심은 "정말 좋은 질문이다.", "나도 그 점이 궁금했는데."와 같은 공감 표현을 하는 데 있으므로 선생님이 학생들의 질문 카드를 미리 읽어 보고 문장의 길이가 짧은 질문을 골라 놓을 수 있습니다.

- **질문 전달 시간을 정할 때** 질문을 전달하면서 공감 표현까지 해야 하므로 한 모둠이 질문을 전달하는 시간을 3분 정도로 넉넉히 주는 것이 좋습니다.

- **학생들이 전달할 질문을 잊어버릴 때** 저학년 학생들은 "정말 좋은 질문이다.", "나도 그 점이 궁금했는데."와 같은 공감 표현을 하다가 전달할 질문을 쉽게 잊어버리기도 합니다. 따라서 저학년에서는 질문하는 친구 바라보기, 고개 끄덕이기와 같은 비언어적 공감 표현을 하며 '질문 귓속말' 놀이를 진행하는 것도 좋습니다.

- 두 모둠이 짝이 되어 한 모둠이 상대 모둠에 질문을 말하면 다른 모둠 친구들이 한 명도 빠지지 않고 그 질문에 대하여 "으응", "정말 좋은 질문이다!", "나도 그 점이 궁금했는데."라고 말하거나 고개 끄덕이기 등의 공감 표현을 하고, 이것이 앞 친구와 겹치지 않을 때 점수를 얻는 방식으로 놀이를 할 수 있습니다.

질문 공 던지기

친구의 질문에 제대로 답하기 위해서는 질문을 잘 들어야 합니다. '질문 공 던지기'는 공을 던지면서 질문 목록에서 다른 친구가 말하지 않은 질문을 골라 말해야 하는 놀이입니다. 앞 친구가 말한 질문을 말하지 않기 위해서는 친구가 어떤 질문을 하는지 잘 들어야 하기 때문에, 이 놀이를 통하여 학생들은 친구의 질문을 주의 깊게 듣는 태도를 자연스럽게 기를 수 있습니다.

1 **질문 목록**
만들기

- 자료를 읽고 궁금한 점을 모두 질문으로 적는다.

- 반 친구들이 만든 질문들을 모아서 반 친구들 수보다 조금 더 많은 수의 질문이 있는 질문 목록을 만든다.

- 질문 목록을 읽어 보며 어떤 질문들이 있는지 확인하고 질문에 대해 답해 본다.

2 **질문 말하고**
공 던지기

- 처음에 공을 가진 친구가 질문 목록 중에 있는 질문을 한 개 말하고 공을 다른 친구에게 던진다. 이때, 질문 목록의 질문을 순서대로 말하지 않도록 주의한다.

3 공 받고 질문 말하기
- 공을 받은 친구가 질문 목록의 질문 가운데 한 개를 선택하여 말한다. 이때, 앞 친구가 말하지 않은 질문을 말해야 하며 앞 친구가 말한 질문을 말하면 팔짱을 낀다.

4 다른 친구에게 공 던지기
- 질문을 말한 사람은 다른 친구에게 공을 던지고 공을 받은 사람은 앞 친구들이 말하지 않은 질문을 말한다.

- 팔짱을 낀 친구에게 공이 오면 팔짱을 끼지 않은 주변 친구에게 공을 넘겨준다.
- 질문 목록에서 더 부를 질문이 없을 때까지 살아남아 있는 사람(팔짱을 끼지 않은 사람)이 승리한다.

5 느낀 점 이야기 나누기
- 활동을 하면서 느낀 점을 서로 이야기하고, 평소 친구들의 질문을 들을 때 나의 태도를 점검해 본다.

■ 5학년 학생들은 창의적 체험활동 시간에 '질문 공 던지기' 놀이를 하였습니다. 이때 학생들은 친구가 말하는 질문을 좀 더 주의 깊게 듣고 기억하려는 모습을 보였습니다. 학생들은 활동을 하고 난 후 다음과 같은 이야기를 나누었습니다.

> "친구들이 어떤 질문을 하는지 알 수 있었다."
> "공을 던지고 받으면서 놀이를 해서 질문하는 것이 지루하지 않았다."
> "내가 생각해서 질문을 하려고 하면 어려웠는데 질문 목록을 보고 하니까 부담감이 좀 줄었다."
> "친구가 어떤 질문을 했는지 듣고 다른 질문을 말해야 하기 때문에 친구의 질문을 잘 들을 수밖에 없었다."
> "친구가 말한 질문인 줄 모르고 같은 질문을 해서 당황했다. 그런데 평소에도 친구가 하는 질문이나 말을 잘 듣지 않고 그랬던 적이 있었던 것 같다."

■ **승부욕이 앞서는 학생들이 많을 때** 승부욕이 앞서 친구들이 말한 질문에 연필로 체크하면서 놀이에 임하는 경우가 있습니다. 학생들이 친구가 말하는 질문을 주의 깊게 듣도록 하려면 놀이를 시작하기 전에 책상 위에 있는 필기구는 모두 치우는 것이 좋습니다.

■ **친한 친구에게만 공을 던지려고 할 때** 놀이를 할 때 공을 받은 횟수만큼 손가락을 펴게 하고, 손가락을 적게 편 친구들에게 먼저 공을 주도록 하면 학생들이 골고루 공을 던지고 받으며 질문을 말할 수 있습니다.

■ 학생들이 놀이에 익숙해지면 질문 목록 없이 활동하는 것도 좋습니다. 글이나 그림을 보고 바로바로 질문을 만들어 말하면서 공을 다른 친구에게 던지고, 공을 받은 친구는 새로운 질문을 말한 뒤 또 다른 친구에게 공을 던집니다

■ 4~6명을 한 모둠으로 하여 맨 처음 사람이 질문을 말하고 모둠의 다른 친구에게 공을 던지며 놀이를 할 수도 있습니다. 앞 친구가 말한 질문과 같은 질문을 말해서는 안 되며 질문을 말할 때마다 점수를 얻는 방법으로 놀이를 진행합니다. 질문을 말하지 못할 때에는 다른 친구에게 그냥 공만 던지도록 하여 놀이가 끊어지지 않고 진행될 수 있도록 합니다.

알·올챙이·개구리

물음표를 소중히 여겨요

주변 사람으로부터 질문에 대해 좋지 않은 피드백이나 반응을 받은 경험이 있는 학생들은 질문을 잘 하지 않으려고 합니다. '알·올챙이·개구리'는 친구의 질문에 적절한 피드백을 해 줄 때마다 알에서 올챙이, 올챙이에서 개구리로 진화해 가는 놀이입니다. 알에서 올챙이, 올챙이에서 개구리로 변화할 때마다 질문에 적극적으로 반응하는 연습, 공감하는 표현을 하기 때문에 놀이를 통해서 질문을 들었을 때 어떻게 반응을 해 주는 것이 좋은지 익힐 수 있습니다.

1 질문 경험 떠올리기

- 질문을 했을 때 기분이 좋았던 경험을 떠올려 보고, 어떤 점이 좋았는지 친구들과 이야기를 나눈다.

- 질문을 했을 때 기분이 좋지 않았던 경험을 떠올려 보고, 왜 좋지 않았는지 친구들과 이야기를 나눈다.

2 질문에 대해 긍정적으로 반응하는 방법 생각하기

- 친구의 질문을 들었을 때 어떻게 반응하는 것이 좋을지 함께 생각해 본다.

  예 말 – 공감의 말, 칭찬의 말, 격려의 말, 질문을 확인하는 말

  행동 – 고개 끄덕이기, 잘 들어주기

3 주제에 알맞은 질문 만들기

- 선생님이 보여 주는 주제를 보고, 관련된 질문을 만든다.

  예 [학교] "학교는 언제부터 생겼을까?", "왜 학교에서 공부를 해야 하나?"

4 단계에 맞는 동작 익히기

- 알, 올챙이, 개구리 단계에 알맞은 동작을 익힌다.

> 알: 무릎을 굽혀 앉은 채 모둠발로 뛰어 다닌다.
>
> 올챙이: 팔을 뻗어 헤엄치듯 걸어 다닌다.
>
> 개구리: 두 팔을 앞으로 하며 두 발로 뛰어 다닌다.

알 　　　　　　 올챙이 　　　　　　 개구리

5 **알·올챙이·**
개구리 놀이하기

- 처음에는 모두 알 단계의 동작을 하면서 교실을 자유롭게 돌아다닌다.

- 돌아다니면서 만나는 친구와 가위·바위·보를 하여 진 사람이 질문을 하고, 이긴 사람은 친구의 질문에 공감의 말이나 고개를 끄덕이는 등의 반응을 하며 답한다.

- 질문한 친구가 답을 한 친구의 반응이 적절했다고 인정하면, 반응을 하며 답한 친구는 다음 단계로 갈 수 있다.

- 개구리 단계까지 간 사람이 이긴다.

- 마지막 단계까지 간 친구들은 아무 단계나 가서 아직 개구리가 되지 못한 친구들을 돕는다.

6 **놀이 후**
이야기 나누기

- 놀이를 하면서 느낀 점에 대해 서로 이야기 나눈다.

- 친구가 질문했을 때 긍정적으로 반응해 주는 방법을 정리한다.

■ 2학년 학생들은 국어 시간에 '듣는 사람을 배려하며 말하기'를 배우면서 질문을 했을 때 다른 사람으로부터 듣고 싶은 말이나 행동에 대하여 다음과 같이 정리하였습니다.

> "나도 그게 궁금했었어."
>
> "넌 어떻게 그런 생각을 했니?"
>
> "나도 잘 모르겠는데 같이 생각해 보자."
>
> "네가 물어보는 것이 이걸 말하는 거지?"
>
> "아마 다른 친구들도 이런 걸 궁금해할 것 같아."
>
> "(   )의 부분이 어떤 말인지 잘 이해가 안 되는데, 다시 얘기해 줄래?"
>
> "(나를 보면서 고개를 끄덕이며) 아 그거? 나도 궁금했는데."
>
> "(엄지를 뻗으며) 와! 멋진 질문이야."

■ 질문을 하는 친구가 질문을 듣는 친구의 반응이 적절한지 판단하기 때문에, 질문을 듣는 친구는 질문에 적절하게 반응하기 위해 자연스럽게 귀 기울여 질문을 듣는 것을 볼 수 있었습니다. 또한 놀이로 접근하기 때문에 질문에 대한 공감 표현을 어색해하지 않고 자연스럽게 하였습니다.

■ **계속 한 단계에만 머무르는 경우** 둘씩 짝을 이루어 놀이를 하다 보면 한 번도 이기지 못하여 알의 단계에 머무르거나 이후 단계로 넘어가지 못하는 사람이 생기기도 합니다. 이때에는 반 전체 친구들이 질문에 대해 칭찬하는 말을 해 주어 다음 단계로 넘어갈 수 있도록 합니다.

■ **개구리 단계까지 간 경우** 개구리 단계까지 간 친구들은 가위·바위·보를 할 때 가위만 내도록 하여 가위·바위·보에서 계속 지는 친구들이 다음 단계로 진화하는 것을 도와줄 수 있습니다.

■ **질문에 답을 못 할 경우** 질문의 답을 모를 경우 꼭 질문에 대한 답을 하지 않아도 됩니다. "나도 잘 모르지만 같이 생각해 보자." 등의 말을 하면서 질문한 사람에게 긍정적인 반응을 충분히 해 주는 것에 초점을 둡니다.

이렇게도 할 수 있어요

■ 몸 동작 모양은 꼭 정해진 것이 아니기 때문에 학생들과 의논해서 다르게 변형하여 활동할 수 있습니다. 뒷짐 지기, 팔짱 끼기, 별 모양으로 반짝이며 다니기 등 학생들이 원하는 여러 가지 모양의 동작을 정하여 활동하면 더 재미있게 놀이를 할 수 있습니다.

■ 질문에 대해 적절하게 반응하는 것이 습관화될 수 있도록 반복적으로 연습해야 합니다. 적절한 반응을 했을 때마다 자신에게 스티커를 주는 것도 하나의 방법이 될 수 있습니다.

궁금이와 친구들

질문하는 교실 문화를 만들기 위해서는 다른 사람의 질문을 잘 듣는 태도가 중요하다고 하지만, 이와 관련된 교육은 거의 이루어지지 않고 있습니다. '궁금이와 친구들'은 친구에게 질문하는 궁금이, 친구의 질문에 공감 표현을 해 주는 공감이, 친구의 질문에 성심껏 답을 하는 똘똘이, 친구의 답을 확인하거나 보충해 주는 꼼꼼이 등으로 역할을 나누어 친구들과 질문하고 답하는 활동입니다. 이 활동을 통하여 학생들은 친구의 질문과 답에 적극적으로 공감하고 반응하는 태도를 기를 수 있습니다.

1 **궁금이, 공감이, 똘똘이, 꼼꼼이 만나기**

• 궁금이, 공감이, 똘똘이, 꼼꼼이의 역할에 대하여 알아본다.

> 궁금이: 바른 태도로 친구에게 질문을 한다.
>
> 공감이: 친구의 질문과 답에 공감 표현을 해 준다.
>
> 똘똘이: 궁금이의 질문에 답을 한다. 질문이 이해가 되지 않으면 궁금이에게 질문을 할 수도 있다.
>
> 꼼꼼이: 똘똘이의 답을 확인하거나 보충할 수 있으며, 답이 이해가 되지 않는 경우 되묻는다.

2 **역할 분담하기**

• 네 명씩 한 모둠이 되어 궁금이, 공감이, 똘똘이, 꼼꼼이로 역할을 분담한다.

• 역할은 고정된 것이 아니며 한 번 질문하고 답하는 활동을 할 때마다 시계 방향 또는 반시계 방향으로 돌아가며 역할을 바꾼다.

3 **궁금이, 공감이, 똘똘이, 꼼꼼이 역할 익히기**

• 궁금이는 노란색, 공감이는 분홍색, 똘똘이는 연두색, 꼼꼼이는 하늘색 색지를 가진다. 색지 앞면에 각자 궁금이, 공감이, 똘똘이, 꼼꼼이라고 쓴다.

• 궁금이, 공감이, 똘똘이, 꼼꼼이가 해야 할 말과 행동을 생각해 보고 궁금이, 공감이, 똘똘이, 꼼꼼이라고 쓴 색지의 뒷면에 각 역할에 알맞은 말과 행동을 쓴다.

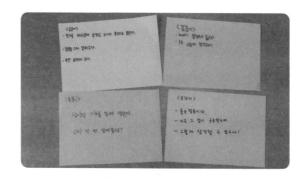

4 역할에 맞는 말과 행동을 하며 질문하고 답하기

- 궁금이: 이야기(자료)를 읽고 궁금한 점을 모둠 친구들에게 바른 태도로 질문한다.

- 공감이: 친구의 질문에 "정말 좋은 질문이다.", "나도 그 점이 궁금했는데." 등의 공감하는 표현을 해 준다. 똘똘이의 답에 대해서도 "그렇게도 생각할 수 있구나."라고 공감을 해 준다.

- 똘똘이: 궁금이가 한 질문에 답을 한다. 또는 질문이 이해가 되지 않을 때에는 "그 질문은 무슨 뜻이야?", "다시 말해 줄래?"와 같이 궁금이가 질문한 내용에 대하여 질문을 할 수도 있다.

- 꼼꼼이: 똘똘이가 질문에 답을 하면 "왜 그렇게 생각해?", "자세히 설명해 줄래?", "네가 그렇게 말한 까닭은 뭐야?" 등과 같이 말하며 똘똘이가 말한 답에 대하여 질문을 한다.

■ 놀이를 하기 전에 5학년 학생들은 궁금이, 공감이, 똘똘이, 꼼꼼이가 할 수 있는
말과 행동을 다음과 같이 생각해 보았습니다.

> **궁금이**
> 자료를 읽고 궁금한 점을 자신 있게 질문한다.
> 친구들을 바라보며 알맞은 크기의 목소리로 질문한다.
> 친구들이 이해하지 못했다고 생각하면 부연 설명을 한다.

> **공감이**
> "정말 좋은 질문이다."
> "나도 그 점이 궁금했는데."
> (똘똘이의 답에) "그렇게도 생각할 수 있구나."

> **똘똘이**
> (궁금이의 질문을 잘 못 들었을 경우) "다시 한 번 말해 줄래?"
> (질문 내용이 이해가 되지 않을 경우) "그 질문은 무슨 뜻이야?"
> 자신이 그렇게 답하는 이유를 함께 제시한다.

> **꼼꼼이**
> (똘똘이에게) "좀 더 자세히 설명해 줄래?"
> (똘똘이에게) "왜 그렇게 생각해?"
> (똘똘이에게) "네가 그렇게 말한 까닭은 뭐야?"

■ 질문을 할 때 어떻게 말해야 할지, 질문을 들을 때 어떤 태도로 들어야 할지를
잘 몰랐던 학생들이 역할에 맞는 표현을 알고 그에 맞게 질문하는 활동을 하면
서, 다른 친구의 질문에 공감하며 듣는 것에 차츰 익숙해지는 것을 볼 수 있었
습니다.

■ **궁금이가 똘똘이의 답에 만족하지 못할 때** 궁금이가 똘똘이의 답에 대하여 만족하는지 자신의 의사를 표현할 기회를 주고, 궁금이가 똘똘이의 답에 만족하지 못했을 경우 모둠 친구들과 함께 답을 생각해 볼 수 있도록 합니다.

■ **똘똘이만 질문에 답하는 것을 아쉬워할 때** 질문에 대해서 여러 친구들의 다양한 생각과 답을 듣고 싶은데 똘똘이 역할을 맡은 친구의 답만 들어서 아쉬워하는 경우가 있습니다. 이때에는 공감이와 꼼꼼이 역할을 맡은 사람도 궁금이의 질문에 답을 할 수 있도록 하면 질문에 대하여 좀 더 다양한 답과 생각을 들을 수 있습니다.

■ 궁금이, 공감이, 똘똘이, 꼼꼼이의 역할 표시판을 사각기둥 형태로 만들어 활동을 할 수도 있습니다. 사각기둥의 각 면에 궁금이, 공감이, 똘똘이, 꼼꼼이가 해야 할 말과 행동을 학생들이 직접 써서 붙인 다음, 모둠 책상 가운데에 놓고 역할을 바꿀 때마다 사각기둥 모양의 역할 표시판을 돌리면서 질문하고 공감 표현을 하며 답을 하도록 합니다.

"각자 역할을 정해서 질문하고 답하는 것이 재미있었다."

"각 역할에 맞는 말과 행동이 있어서 대본을 읽으면서 역할놀이를 하는 것 같아 재미있었다."

"'왜 그렇게 생각해?'라고 물어보고 답하는 것이 토론하는 것 같아서 좋았다."

◢ **Part 4**

물음표로 깊고 넓게 살펴요

01

물음표로 나를 돌아보아요

나의 성격, 가치관 돌아보기

마음을 만나요

　학생들은 학교에서 친구들과 많은 시간을 보내면서도 친구가 어떤 생각을 하는지, 친구의 기분은 어떠한지 잘 모르는 경우가 많습니다. 그리고 반복적인 일상 속에서 자신의 마음을 들여다보지 못할 때도 많습니다. 친구와 나의 마음에 대하여 알 수 있는 방법 중 하나가 질문을 해 보는 것입니다. 질문은 공부를 잘하기 위해서만 하는 것이 아니라, 자신과 다른 사람을 잘 이해하는 데에도 유용하기 때문입니다. '마음을 만나요'는 친구는 무엇을 할 때 행복한지, 나의 기분은 어떠한지 등을 물어보면서 친구의 생각과 나의 마음을 살펴보는 놀이입니다. 이 놀이를 하면서 학생들은 질문을 통해서 친구에 대해서 몰랐던 부분을 알게 되고 자신의 마음을 들여다볼 수 있습니다.

이렇게 해요

1 친구와 나의 마음을 알 수 있는 질문 생각하기

- 친구와 나의 마음을 알기 위해서 어떤 질문을 하면 좋을지 생각해 본다.

예 성격을 묻는 질문
좋아하는 것을 묻는 질문

2 생각과 마음을 알 수 있는 질문 쓰기

- 개인별로 친구의 생각이나 마음을 들여다볼 수 있는 질문을 5개 정도 만들어 각각 붙임 종이에 쓴다.

예 "너는 어디로 여행을 가고 싶니?"
"너는 서운한 일이 있을 때 어떻게 하니?"
"너는 무슨 일을 할 때 행복하니?"

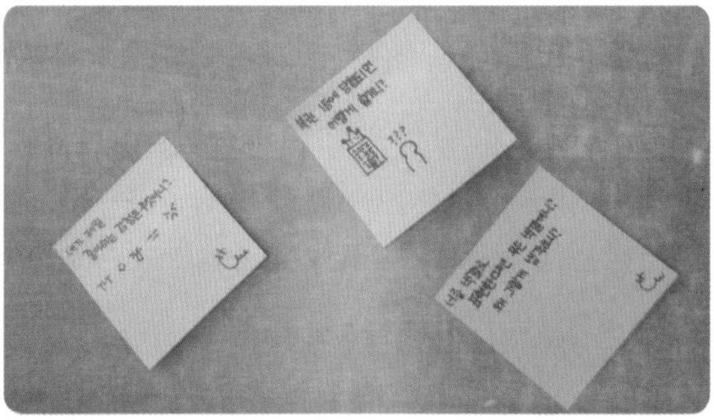

3 질문 모아서 말판 만들기

- 나와 모둠 친구들이 붙임 종이에 쓴 질문을 모아서 주사위 놀이를 할 수 있는 말판을 만든다.

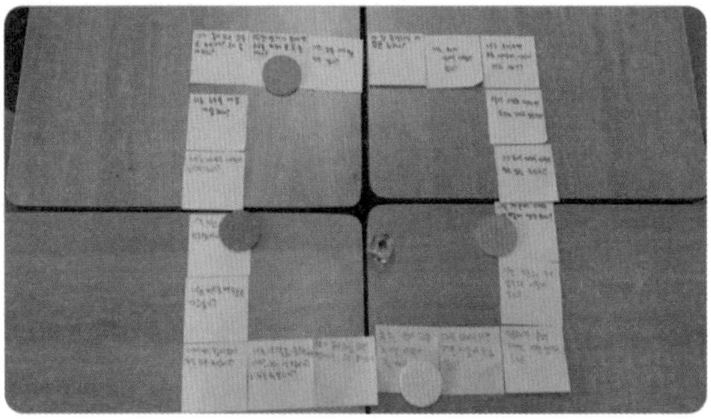

- 말판의 형태는 네모, 동그라미, 물음표 등으로 다양하게 할 수 있다.

4 **질문 읽고 답하기** • 말판에서 출발 위치를 정한 다음, 모둠의 첫 번째 친구부터 주사위를 굴려서 나온 수만큼 말을 이동한다.

• 말이 멈춘 칸의 질문을 읽고 질문에 대한 답을 한다.

• 말이 한 바퀴를 다 돌았더라도 멈추지 않고 정해진 시간까지 주사위를 굴려서 놀이를 계속 한다.

• 내가 답했던 질문에 말이 또 도착하면 주사위를 다시 굴려서 새로운 질문으로 이동한다.

5 **나에 대한 글쓰기** • 놀이를 하면서 질문에 답했던 내용을 떠올리며 나에 대한 글을 쓴다.

■ 5학년 학생들은 도덕 시간에 '마음을 만나요' 놀이를 하면서 나와 친구의 마음을 들여다보기 위해 다음과 같은 질문을 만들었습니다.

취미에 관한 질문

"너는 자유 시간에 뭘 하니?"

"너는 어디로 여행을 가고 싶니?"

"지금 당장 하고 싶은 것이 무엇이냐고 물어보면 뭐라고 대답할 거니?"

"학교 수업 시간 중 한 시간 동안 자유 시간이 주어진다면 무엇을 하고 싶니?"

가치관에 관한 질문

"가장 존경하는 사람은 누구니?"

"너는 무슨 일을 할 때 행복하니?"

"다시 태어난다면 어떤 사람이 되고 싶니?"

"네가 부자라면 돈을 어떻게, 어디에 쓰고 싶니?"

"너를 색깔로 표현한다면 무슨 색깔이니? 이유는 무엇이니?"

감정 및 성격에 관한 질문

"너는 부끄러울 때 어떻게 하니?"

"너의 성격은 어떠하다고 생각하니?"

"네가 제일 좋아하는 감정은 무엇이니?"

"너에게 힘이 되어 주는 것은 무엇이니?"

"너는 서운할 일이 있을 때 어떻게 하니?"

"스스로에 대해 바꾸고 싶은 점은 무엇이니?"

■ 학생들은 놀이를 한 후 친구에 대하여 몰랐던 점을 알게 되고, 자신에 대해서도 깊이 생각해 볼 수 있었다고 하였습니다. 그리고 놀이 후 질문에 답한 내용을 떠올리며 다음과 같이 자기소개서를 썼습니다.

> ### 자기 소개서
>
>   저는 자유 시간에 주로 음악을 듣습니다. 저는 친구들과 좋아하는 아이돌에 대해 이야기할 때 제일 행복합니다. 저를 색깔로 표현하면 빨간색입니다. 제가 빨간색을 좋아하기 때문입니다. 바꾸고 싶은 점은 숙제를 안 해서 엄마한테 혼나는 것입니다. 저에게 힘이 되어 주는 것은 가족, 친구들, 좋아하는 가수입니다. 다시 태어난다면 유명한 아이돌 가수가 되어 무대에서 노래를 하고 싶습니다.

이럴 때는 이렇게

- **진지한 분위기를 조성하고 싶을 때** 학생들이 진지하게 놀이에 임하도록 하기 위해 말판의 질문에 성의껏 답하고, 친구의 답을 귀 기울여 들어주기로 약속을 하고 놀이를 시작합니다. 또 차분한 분위기를 만들기 위해 잔잔한 음악을 틀어 주는 것도 좋습니다.

- **친구의 답을 주의 깊게 듣지 않을 때** 학생들이 말을 빨리 출발점으로 되돌아오게 하는 데 치중하여 친구의 답을 잘 듣지 않고 주사위를 굴리려고만 하는 경우가 있습니다. 놀이를 시작하기 전에 친구가 답한 내용에 대해 "그렇구나!", "정말 좋았겠다.", "나도 그런 생각을 한 적이 있었는데." 등과 같이 공감 표현을 한 뒤, 다음 사람이 주사위를 굴리도록 약속합니다.

이렇게도 할 수 있어요

- 놀이를 하고 나서 친구에 대하여 알게 된 점을 가지고 친구를 소개하는 글쓰기를 할 수 있습니다. 그리고 친구의 이름을 밝히지 않은 채 반 전체 친구들에게 친구를 소개하는 글을 읽어 주고 누구인지 맞히는 놀이를 할 수도 있습니다.

나를 맞혀 봐!

    "나는 누구인가?"라는 질문은 정체성을 형성해 가는 학생들에게 중요한 질문이지만 이러한 질문을 하기는 좀처럼 쉽지 않습니다. '나를 맞혀 봐!'는 친구에게 자신에 관한 문제를 내어 자신이 좋아하는 것, 싫어하는 것 등을 맞혀 보게 하는 놀이입니다. 놀이를 통하여 학생들은 자신을 돌아볼 수 있으며, 친구들이 보는 자신을 살펴볼 수도 있습니다. 또 다른 사람들이 자신에 대해 가지고 있는 선입견이 무엇인지, 내가 다른 사람에게 가졌던 선입견은 무엇인지를 알 수도 있습니다.

1 나에 대한 문제
내는 방법
알아보기

• 선생님이 내준 선생님에 대한 문제를 풀면서 나에 대한 문제를
어떻게 내면 좋을지 생각해 본다.

(예) "선생님에 대한 설명으로 바른 것은 무엇일까요?"

• 내가 좋아하는 것, 내가 싫어하는 것, 내가 경험한 것, 나의 가족 등
'나'에 대한 문제로 어떤 것을 낼 수 있는지 친구들과 함께 생각해
본다.

2 나에 대한
문제 만들기

• 선다형, 예·아니요형, 빈칸 채우기 등 여러 유형으로 나에 대한 문제를
낸다.

(예) [선다형] 나(○○○)에 대한 설명으로 옳은 것은?

① 내 생일은 3월이다.　　② 나는 우리 집에서 셋째이다.

③ 나는 세종대왕을 가장 존경한다.

[예·아니요형] 나는 노래 부르는 것을 좋아한다. (예, 아니요)

[빈칸 채우기형] 나는 슬플 때 (　　)을 한다.

3 친구들에게
나에 대한
문제 내기

• 친구들에게 나에 대한 문제를 내고 친구들이 풀게 한다.

- 친구들은 문제를 보고 나에게 추가적인 질문을 할 수 있다.

  예 "너는 슬플 때 왜 (　　　)을 하니?"

| 4 | 나에 대한 문제에 답해 주기 | - 친구의 질문을 바탕으로 나에 대한 문제의 답을 알려 주고, 그 이유도 설명해 준다. |

| 5 | 나를 소개하는 글쓰기 | - 친구들이 답한 내용을 바탕으로 나를 돌아본다.
- 내가 낸 문제와 그것에 대해 친구들이 답한 내용을 바탕으로 나를 소개하는 글을 쓴다. |

■ 5학년 학생들은 도덕 시간에 교사에 대한 문제를 풀면서 수업을 시작하였습니다. 다음은 학생들이 자신에 대해 만든 문제입니다.

> ※ 나(○○○)에 대한 설명 중 옳지 않은 것은? (   )
> ① 나는 부끄러움이 많다.
> ② 나는 음악을 싫어한다.
> ③ 나는 미술에 관심이 많다.
> ④ 나는 집에 들어가면 바로 게임을 한다.

■ 학생들은 처음에는 자신에 대해 문제를 내는 것을 어려워하였지만, 활동을 진행하면서 질문을 보다 적극적으로 만들고 친구의 질문에 진지하게 답하는 모습을 보여 주었습니다.

■ **문제를 내기 어려워할 때** 처음에는 자신에 대한 문제를 어떻게 만들어야 하는지 모를 수도 있기 때문에, 선생님에 대한 문제를 맞혀 보게 함으로써 학생들의 호기심과 관심을 높일 수 있습니다. 문제의 유형은 어떤 것이든 상관없으나 학생들은 예·아니요형을 조금 더 쉬워합니다. 문제를 내는 데 익숙해지면 빈칸 채우기, 선다형 등으로도 문제를 내게 합니다. 선다형을 낼 때는 보기의 개수(3~5개)를 미리 정해 주는 것이 좋습니다.

■ 일정 기간(하루, 일주일 등) 동안 친구나 선생님이 한 행동으로 맞지 않은 것을 고르는 문제를 낼 테니, 친구나 선생님을 자세히 관찰해 보라고 하는 활동도 할 수 있습니다. 이를 통해 주변 사람들을 주의 깊게 살펴보는 계기가 될 수 있습니다.

■ 간단한 질문을 많이 할 수 있는 방법으로 다음과 같은 활동을 할 수도 있습니다.

① '나'에 대한 문제를 질문 카드에 쓴다. (12개 이상)
② 각자 'ㄹ 형태'의 말판으로 자신의 질문 카드를 배치한다.
③ 두 사람이 짝이 되어 각자 상대방의 말판에 자신의 말을 놓고, 가위·바위·보를 하여 이긴 사람이 주사위를 던져서 나온 수만큼 상대편의 질문 카드를 이동한다.
④ 말이 이동한 카드에 있는 친구에 대한 질문에 답을 맞히면 질문 카드를 갖는다.
⑤ 제한된 시간 동안 질문 카드를 많이 가진 사람이 이긴다.
⑥ 놀이를 하면서 친구에 대해 알게 된 사실을 반 전체에 소개한다.

학생들의 활동 소감

"나는 나랑 가장 친한 친구 ○○에 대해 잘 맞힐 줄 알았는데 틀렸다."

"나에 대해 문제를 내는 것이 쉬울 줄 알았는데 막상 쓰려니 어려웠다."

"친구들이 못 맞히도록 문제를 어렵게 냈는데 세 명이나 맞혀서 깜짝 놀랐다. 그런데 맞힌 친구들은 다 나랑 친한 친구들이다."

"나는 내 자신을 잘 알고 있다고 생각했는데 문제를 내다 보니까 정말 아는 것이 없어서 문제 내기가 정말 정말 어려웠다. 그리고 친구들에 대해서 더 많이 알게 되어서 좋았다."

"내가 친구를 잘 안다고 생각했는데 맞는 것 같다. 그런데 나에 대해 잘 아는 친구는 없어서 나에 대해 많이 알리고 싶다. 앞으로도 친구들에 대해 많이 알아 가고 싶다."

나는? 나는!

학생들은 성장하는 과정에 있기 때문에 아직은 자기중심적인 경향을 보입니다. '나는? 나는!'은 '남이 보는 나'와 '내가 보는 나'에 대해 질문함으로써 자신이 어떤 생각을 하고 어떻게 살아가고 있는지를 돌아보게 하는 활동입니다. 이 활동은 학생들 스스로 질문을 만들고, 그에 답하면서 자신을 성찰하는 기회를 갖게 한다는 점에서 의미가 있습니다.

1 입체 종이
만들기

• 종이를 16등분한 후 가운데 부분을 자른다.

• 띠종이를 가운데에 엇갈리게 넣는다.

• 산처럼 만들어 가운데를 펼치면 안쪽 면이, 펼치면 바깥쪽 면이
나오게 만든다.

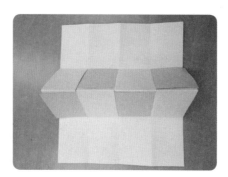

<table>
<tr>
<td>**2**</td>
<td>내가 보는
나에 대한
질문 만들기</td>
<td>

• 내가 보는 나에 관한 질문을 신체의
  각 부분을 활용하여 만든다.

　例 [눈] "나는 어떤 것을 볼 때

　　　행복하다고 느낄까?"

　　[코] "내가 좋아하는(싫어하는)

　　　냄새는 무엇일까?"

　　[입] "나는 어떤 말을 많이 할까?"

　　[발] "나는 어디를 갈 때 가장

　　　행복할까?"
</td>
<td></td>
</tr>
<tr>
<td>**3**</td>
<td>남이 보는
나에 대한
질문 만들기</td>
<td>

• 나의 겉모습과 행동을 보고 다른
  사람은 나를 어떻게 보는지를
  생각하며 질문을 만든다.

　例 [눈] "엄마는 내가 무엇을 보기를

　　　좋아한다고 생각하실까?"

　　[코] "친구는 내가 어떤 향을

　　　좋아한다고 생각할까?"

　　[입] "선생님은 내가 어떤 말을 가장

　　　많이 한다고 생각하실까?"

　　[발] "형은 내가 어디를 갈 때

　　　행복하다고 생각할까?"
</td>
<td>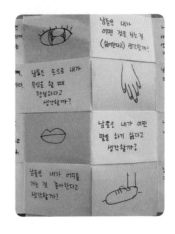</td>
</tr>
<tr>
<td>**4**</td>
<td>입체 종이에
질문 쓰기</td>
<td>

• 끼워 넣은 띠종이에 신체의 일부분을
  그린다.

• 안쪽에 내가 보는 나에 대한 질문을
  쓴다.

• 바깥쪽에 남이 보는 나에 대한
  질문을 쓴다.
</td>
<td>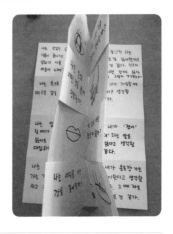</td>
</tr>
<tr>
<td>**5**</td>
<td>나는 어떤 사람
인지 생각해 보기</td>
<td colspan="2">

• 질문에 답을 하면서 내가 어떤 사람인지에 대해 정리한다.
</td>
</tr>
</table>

■ 5학년 학생들은 진로교육 시간에 내가 보는 나와 남이 보는 나에 대한 질문을 하면서 자신을 되돌아보았습니다.

	내가 보는 나	남이 보는 나
손	"나는 어떤 것을 만질 때 행복할까?" → 우리 집 강아지를 만질 때 행복하다.	"엄마는 내가 어떤 것을 만질 때 행복해한다고 생각하실까?" → 엄마는 내가 컴퓨터를 만질 때 행복해한다고 생각하실 것 같다.
눈	"나는 어떤 것을 볼 때 기분이 좋을까?" → 내가 좋아하는 아이돌 공연을 보면 기분이 너무 좋다.	"친구는 내가 어떤 것을 볼 때 기분이 좋아진다고 생각할까?" → 내가 좋아하는 아이돌 사진이나 공연을 볼 때 기분이 좋아진다고 생각할 것 같다.

■ 학생들은 어떤 질문을 해야 자기 자신을 잘 알 수 있을지 생각하는 과정에서 자신에 대해 생각해 보는 기회를 가졌다고 말했습니다. 또한 학생들은 남이 보는 나와 내가 보는 나가 다를 수 있음을 깨달았다고도 하였습니다.

■ 입체 종이 만드는 것을 어려워할 때 입체 종이 만드는 것을 어려워한다면 도화지의 양쪽에 사람의 모습을 그린 후 한쪽 면에는 다른 사람이 자신을 어떻게 생

각할지를 쓰고, 반대쪽 면에는 자신이 스스로를 어떻게 보는지를 쓰게 할 수도 있습니다. 또는 종이를 꽃잎 모양으로 접은 다음 두 개를 이어서 한쪽 꽃에는 남이 보는 나, 다른 한쪽 꽃에는 내가 보는 나를 적을 수도 있습니다.

■ 그림 그리는 것을 어려워할 때 신체의 일부를 그림으로 그리는 것을 어려워할 수 있습니다. 그림 그리는 것이 어려우면 '눈', '코' 등으로 글자를 쓰게 할 수도 있습니다.

이렇게도 할 수 있어요

■ 미래의 내가 현재의 나에게 보내는 질문 만들기를 할 수도 있습니다.

(웹툰 작가)인 내가 보내는 질문

[머리] "재미있는 이야기를 만들기 위해서 어떤 경험을 쌓아 가고 있니?"

[손] "웹툰 작가가 되기 위해서 손으로 무엇을 그리고 있니?"

[눈] "웹툰 작가가 되기 위해 무엇을 관찰하고 있니?"

[귀] "웹툰 작가가 되기 위해 어떤 말들을 귀 기울여 듣고 있니?"

물음표로 나를 돌아보아요

질문하는 유튜버

학생들은 자신이 무엇을 좋아하는지, 어떤 사람인지 잘 모를 때가 많습니다. 1인 방송이 일상화되어 가는 요즘, 유튜버(크리에이터)에 대한 학생들의 관심이 매우 높아지고 있습니다. '질문하는 유튜버'는 자신이 무엇을 좋아하며 잘하는지 질문하고, 그 질문을 해결하여 실제로 동영상을 만들어 봄으로써 유튜버가 되어 보는 활동입니다. 이 활동을 통해서 학생들은 자신의 장점과 그러한 장점을 잘 표현할 수 있는 방법에 대해 이해하고, 자신을 표현하는 능력을 기를 수 있습니다.

1 나를 찾는 질문하기

- 나의 성격, 장점, 취미 등을 생각해 볼 수 있는 질문을 만든다.
  - 예 [성격] "나는 어떤 성격일까요?"
    [장점] "내가 잘하는 것은 무엇일까요?"
    [취미] "나는 자유 시간에 주로 무엇을 하나요?"

- 내가 좋아하는 것, 나의 장점을 고려하여 어떤 동영상을 만들 수 있을지 생각한다.

2 좋은 동영상의 요건 생각해 보기

- 좋은 동영상을 만들기 위해 고려해야 할 조건을 생각해 본다.
  - 예 재미있는가?
    유해하지는 않은가?
    소재와 표현이 참신한가?

- 만들고자 하는 주제와 비슷한 동영상을 검색한다.

- 어떤 동영상이 지속적으로 인기가 있는지 그 이유를 살펴본다.

3 동영상 제작을 위한 질문 만들기

- 만들고 싶은 동영상의 주제가 비슷한 사람들끼리 모인다.

- 동영상을 만들기 위해서 질문 목록을 만든다.
  - 예 '생크림 케이크 만들기 동영상'을 만들 때
    "생크림 케이크 만드는 방법을 어떻게 보여 줄까?"
    "기존의 동영상과 어떻게 차별되게 할까?
    "어떤 효과음(음악)을 넣을까?"
    "몇 분(분량)으로 해야 할까?"
    "제목을 어떻게 하면 좋을까?"

4 동영상 올리고
피드백 받기

- 앞에서 만든 질문 목록을 참고하여 동영상을 만든다.

- 유튜브 또는 학급 홈페이지 등에 동영상을 올리고 다른 사람들과
공유한다.

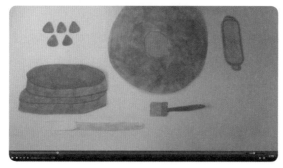

- 동영상에 대하여 어떻게 생각하는지 다른 사람들의 의견을 듣는다.

■ 5학년 학생들은 실과 시간에 소프트웨어 활용 방법을 배우면서 이 활동을 하였습니다. 학생들은 "어떤 유튜버가 되고 싶나요?"라는 질문에 대해 자신의 장점, 좋아하는 것 등을 생각해 보며 다음과 같은 질문을 하였습니다.

> "내가 잘하는 것은 무엇인가?"
>
> "내가 좋아하는 것은 무엇일까?"
>
> "내가 하고 싶은 것은 무엇인가?"
>
> "내가 중요하게 여기는 것은 무엇인가?"
>
> "요즘 나는 무엇에 흥미를 가지고 있을까?"
>
> "평소에 내가 관심을 가지는 것은 무엇인가?"

■ 학생들은 유튜브 동영상을 만들기 위해 다음과 같은 질문을 하였습니다.

> "준비물(재료)이 뭘까?"
>
> "멘트는 어떻게 할까?"
>
> "장소는 어디서 찍을까?"
>
> "어떤 효과음(음악)을 넣을까?"
>
> "몇 분(분량)으로 해야 할까?"
>
> "제목을 어떻게 하면 좋을까?"
>
> "목소리를 변조할까? 하지 말까?"
>
> "등장인물(얼굴)을 나오게 할까, 안 나오게 할까?"

■ **동영상을 배포할 때** 동영상을 유튜브에 올릴 때 링크가 있는 사용자만 볼 수 있도록 공개 범위를 설정하고 학부모, 친구 등에게만 링크 주소를 알려 주어 어느 정도 검증된 사람들만 동영상을 볼 수 있도록 하는 것이 좋습니다. 또한 동영상을 제작할 때 기존의 동영상과 비슷한 내용과 형식으로 만들지 않도록 저작권 문제를 안내하고, 필요한 경우 초상권 동의를 받는 것에 대해 가르쳐 줍니다.

■ **동영상 제작이 어려울 때** 학교의 여건이나 학생들의 수준에 따라 동영상을 만드는 것이 어려울 수 있습니다. 동영상 제작이 어려울 경우 만화 그리기나 스크립트 만들기 등의 활동으로 대체할 수 있습니다.

■ **유튜브 동영상을 만드는 것에만 초점이 맞춰질 때** 이 활동의 목적은 다른 사람과 구분되는 자신의 개성을 파악하는 것입니다. 학생들이 자극적이거나 일시적인 관심을 끌 수 있는 내용의 동영상보다는 자신의 장점을 잘 표현할 수 있는 내용과 방법을 생각하여 동영상을 만들 수 있도록 지도합니다.

이렇게도 할 수 있어요

■ 저학년의 경우에는 커다란 빈 액자 틀을 만든 다음 그 안에 들어가서 자신의 장점, 좋아하는 것 등을 연극이나 노래로 표현해 보는 활동을 할 수 있습니다.

02

물음표로 다르게 보아요

질문으로 생각의 다양성 이해하기

백 개의 질문

내리는 눈을 보면서 길이 막힐 것을 걱정하는 사람도 있고, 친구들과 눈싸움할 생각에 즐거워하는 사람도 있습니다. 사람마다 같은 대상이나 사건에 대해 서로 다른 생각을 하는 것이지요. 질문도 마찬가지입니다. 같은 사물이나 사건을 보더라도 관점에 따라 다르게 질문하고 그에 따라 다양하게 생각할 수 있습니다. '백 개의 질문'은 같은 사물이나 장소, 사건을 보고 직업에 따라 어떤 생각이나 질문을 할 수 있을지 생각해 보는 활동입니다. 친구들과 다양한 직업으로 역할을 나누어 질문을 만들기 때문에 내가 미처 생각하지 못한 다양한 관점을 질문을 통해 살펴보는 경험을 할 수 있습니다.

1 관점에 관한 이야기 나누기

- 같은 상황인데도 다른 사람과 다르게 반응했거나 행동했던 경험에 대해 이야기를 나눈다.

  예 **컵에 주스가 반이 남았을 때**

  "반이나 남았네." vs "반밖에 안 남았네."

  낙엽이 떨어진 거리를 보고

  "낙엽이 예쁘네." vs "언제 다 청소하지?"

- 사물이나 사건에 대한 그림, 사진을 살펴보며 하나의 사물, 사건이라도 관점이나 직업에 따라 생각이나 행동이 다를 수 있음을 확인한다.

  예 **오거리를 보고**

  [역사학자] "언제부터 오거리가 생겼을까?"

  [건축학자] "오거리가 도시 건축에 미치는 영향은 무엇일까?"

  [경제학자] "오거리가 생기면 어떤 사람이 돈을 더 벌 수 있을까?"

  [사회학자] "오거리가 사람의 생활을 어떻게 변화시킬까?"

2 입장을 정하고 질문 만들기

- 각자 입장을 정한 다음, 하나의 물건 혹은 사건을 보고 그 사람의 입장이 되어서 질문을 만든다.

  예 **집**

  예술가의 입장에서, 건축가의 입장에서, 부동산업자의 입장에서, 역사가의 입장에서, 농부의 입장에서

- 만든 질문을 서로 살펴본다.

3 이야기 책 만들기

- 각자 정한 입장에 맞는 질문과 어울리는 그림을 그린다.

- 각자 만든 것을 모아서 '○○ 한 개 질문 백 개' 이야기 책을 만들어 공유한다.

- 활동 후 알게 된 점이나 느낀 점을 이야기한다.

■ 3학년 학생들은 국어 시간에 관점의 다양성에 대해 배운 후 교실에서 키우는 고추를 보며 다음과 같이 관점을 정하고 질문을 만들어 보았습니다.

> [건축 디자이너] "고추 무늬로 (건물을) 만들면 어떨까?"
>
> [빵집 주인] "고추로 어떤 빵을 만들까?"
>
> [농부] "고추를 화분이 아니고 밭에다 기르면 더 좋았을 텐데…. 교실에서 고추가 잘 자라게 하려면 어떻게 해야 할까?"
>
> [요리사] "오늘은 저 고추로 어떤 음식을 만들어 볼까?"
>
> [의사] "고추는 건강에 어떤 도움을 줄까?"
>
> [선생님] "고추를 기르는 경험이 아이들에게 어떤 도움을 줄까?"
>
> [화가] "고추가 만약 '그림 그리는 나'를 그린다면?"

고추 무늬로 (건물을) 만들면 어떨까?	고추로 어떤 빵을 만들까?	고추가 만약 그림 그리는 나를 그린다면?

■ 관점에 따라 생각하는 것을 어려워할 때 처음에는 관점에 따라 사물이나 사건을 보는 것을 어려워할 수도 있습니다. 같은 공간에 대해서도 각자의 직업에 따라 보는 시각이 다른 일화를 들려주거나, 『하나라도 백 개인 사과』(이노우에 마사지 글), 『나는 누구일까?』(요시타케 신스케 글) 등 관점에 따라 사물이나 사건을 다르게 보는 글을 읽어 주면 주면 학생들이 좀 더 쉽게 접근할 수 있습니다.

■ 그림을 그리는 활동 외에도 역할극을 하거나 특정한 직업을 몸으로 표현한 후
    몸의 일부분을 치면 그와 관련된 질문이나 말을 하는 연극 활동을 할 수도 있습
    니다.

질문으로 따져 보기

"일찍 일어나는 새가 피곤하다.", "늦었다고 생각할 때가 가장 늦은 거다." 방송에서 한 개그맨이 속담을 비틀어 표현한 것이 화제가 된 적이 있습니다. 옛날에 만들어진 속담을 요즘 시대 상황에 맞게 바꾼 것이 사람들의 공감을 얻었기 때문입니다. 이처럼 옛 속담이나 격언은 요즘 시대 상황과 맞지 않을 수도 있습니다. '질문으로 따져 보기'는 속담, 명언, 격언 등 기존에 옳다고 믿었던 것에 대해 의문을 품고 질문을 하면서 다르게 생각해 보는 활동입니다. "이 말이 늘 옳은가?", "이 말에는 어떤 편견이 있을까?"와 같은 질문을 하여 우리가 당연하게 받아들이는 말에 대해 따져 봄으로써 비판적 사고력을 기를 수 있습니다.

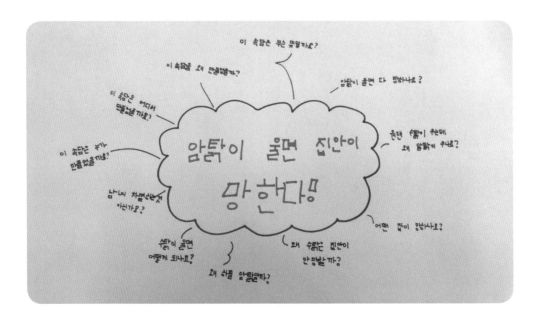

1 자신이 알고 있는 속담 말하기 ・ 모둠 친구들끼리 돌아가며 자신이 알고 있는 속담을 말한다.

2 속담을 보고 질문 만들기 ・ 나온 속담들 중에서 바꾸고 싶은 속담을 모둠 친구들과 함께 고른다.

・ 고른 속담이 어떤 관점을 가지고 있는지, 편견이나 문제점은 없는지를 생각하며 속담에 관한 질문을 만든다.

예 "이 속담은 왜 만들었을까요?"

"이 속담은 누가 만들었을까요?"

3 질문에 답하며 속담에 대하여 생각해 보기 ・ 모둠 친구들과 함께 질문에 답하면서 속담에 대해 여러 관점에서 생각해 본다.

・ 속담에 문제가 있거나 잘못된 부분이 있는지 살펴보고, 있다면 어떻게 바꿀 수 있을지 생각해 본다.

4 속담 바꾸고 이야기 나누기 ・ 속담의 내용에 대해 옳은지, 동의할 수 있는지, 한계는 없는지, 현대 생활에도 적합한지 등을 친구들과 이야기해 보고, 이를 바탕으로 속담을 바꾼다.

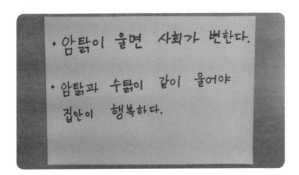

・ 바꾼 속담을 반 전체 친구들에게 발표하고, 친구들의 의견을 듣는다.

■ 5학년 학생들은 국어 시간에 속담의 뜻에 대하여 공부하면서 "암탉이 울면 집안이 망한다."라는 속담에 대하여 다음과 같이 질문하였습니다.

> "왜 하필 암탉인가요?"
>
> "암탉이 울면 다 망하나요?"
>
> "이 속담은 무슨 뜻일까요?"
>
> "이 속담을 왜 만들었을까요?"
>
> "남녀 차별하는 것 아닌가요?"
>
> "수탉이 울면 어떻게 되나요?"
>
> "이 속담은 누가 만들었을까요?"
>
> "이 속담은 어디서 만들었을까요?"
>
> "왜 수탉이 울면 집안이 안 망할까요?"
>
> "암탉은 울고 싶어서 우는 것인데 그게 잘못인가요?"

■ 학생들은 이러한 질문에 답을 하며 속담에 대하여 다음과 같이 분석하고 속담을 다르게 바꾸었습니다.

[원래 속담] 암탉이 울면 집안이 망한다.

– 남녀 차별, 성 차별을 담고 있는 속담이다.

– 소방관이나 경찰관 같은 직업을 여자가 하면 부정적으로 보는 것과 같다.

– 대부분의 속담은 옛날에 만들어졌으니까, 옛날에 남자가 바깥일을 하고 여자가 집안일을 해서 암탉, 곧 여자가 바깥일을 하면 사람들이 이상하게 생각했다.

[바꾼 속담] 암탉이 울면 사회가 변한다.

암탉과 수탉이 같이 울어야 집안이 행복하다.

- 학생들은 '질문으로 따져 보기' 활동을 하면서 당연하게 생각했던 말도 다시 한 번 생각해 봐야 한다는 것과 옛날에 만들어진 속담은 오늘날과 맞지 않을 수도 있다는 것을 알게 되었습니다.

이럴 때는 이렇게

- **속담을 장난으로 바꿀 때** 속담을 뜻을 알아보고 속담을 오늘날의 현실에 맞게, 자신들의 생활에 맞게 바꾸기 위한 놀이이므로 "산에 가야 범을 잡고 집에 가야 폰을 잡는다."와 같이 단순한 패러디를 만들지 않도록 합니다.

이렇게도 할 수 있어요

- 속담을 바꾼 뒤, 원래 속담과 새로 만든 속담을 모아서 몸으로 표현하는 '속담 전달하기' 놀이를 할 수 있습니다.

- 바꾼 속담을 소개하는 만화 그리기를 해서 교실에 전시할 수 있습니다. 또한 차별적인 속담에 대한 캠페인 활동을 할 수도 있습니다.

▼ 물음표로 다르게 보아요

질문 꼬리 달기

친구가 하는 질문을 보면 그 친구가 무엇을 궁금해하는지, 어떤 생각을 하는지 알 수 있습니다. '질문 꼬리 달기'는 학생들이 질문 게시판에 질문과 답을 게시하고 친구의 질문과 답을 살펴보면서, 사람마다 생각이 다름을 알고 다른 사람의 생각을 이해할 수 있게 되는 놀이입니다. 또 수업 시간에 다 다룰 수 없는 의문점을 질문 게시판에 언제든 지 써서 붙이고 답을 달도록 하여 교실을 자유롭게 질문하는 소통의 공간으로 만들 수 있습니다.

1 **질문 게시판 만들기**

• 언제든지 궁금한 것을 질문하고 친구의 질문에 답을 할 수 있는 우리 반 질문 게시판을 만든다.

2 **질문을 만들어 질문 게시판에 붙이기**

• 자료를 읽고 궁금한 점을 질문으로 만들어 붙임 종이에 써서 질문 게시판에 붙인다.

• 수업 후 궁금한 점이 있으면 붙임 종이에 써서 질문 게시판에 붙인다.

3 **질문에 꼬리 붙이기**

• 친구의 질문을 읽고 붙임 종이에 답을 써서 친구의 질문 밑에 붙인다.

• 질문을 쓰는 붙임 종이와 답을 쓰는 붙임 종이의 색깔을 다르게 하여 질문과 답을 구분할 수 있도록 한다.

4 가장 긴
질문 꼬리
확인하기

- 가장 많은 답(질문 꼬리)이 달린 질문을 한 친구를 우리 반 '질문
  왕'으로 선정한다.

- 가장 기발한 답, 명쾌한 답을 뽑아서 우리 반 '꼬리 왕'으로 선정한다.

5 함께 생각하기

- 질문 꼬리가 가장 길게 붙은 질문, 재미있는 질문, 의미 있는 질문,
  가장 많이 나온 질문 등을 뽑아서 모둠 친구들, 반 전체 친구들과
  함께 이야기를 나눈다.

■ 5학년 학생들은 도덕 시간에 친구를 만나러 적진에 뛰어들었다가 사형을 당할 처지에 놓인 친구와 그 친구가 죽기 전에 고향에 다녀올 수 있도록 대신 감옥에 갇힌 두 친구의 우정을 그린 『참다운 친구』(박수현 글)를 읽고, 다음과 같이 질문을 만들고 답을 달았습니다.

"도대체 왜 사람들은 자꾸 누굴 죽이려고 할까?"
▶ 의심이 돼서
▶ 전쟁에서 이기려고
▶ 하면 안 되는 짓을 해서

"친구가 약속 날 늦은 이유가 무엇일까?"
▶ 가족들이 가지 말라고 말려서
▶ 돈이 없으니까 말을 타고 갈 수 없어서 오래 걸림
▶ 집까지 가는 데만 15일이 걸리고 오는 데까지 하면 30일이 걸림

"처형당할 주인공은 왜 바보같이 적진으로 갔을까?"
▶ 오랫동안 친구를 못 봐서
▶ 친구를 핑계로 염탐하려고
▶ 친구에게 급하게 전할 소식이 있어서

"왕은 왜 그 친구들과 친구를 하고 싶었을까?"
▶ 두 사람의 우정에 감동해서
▶ 왕이라서 친구가 없고 외로워서
▶ 매일 전쟁만 해서 친구가 없어서

■ 학생들은 사소해 보이는 친구의 질문에도 정성껏 답을 달아 주었습니다. 질문에 즉각적으로 답을 하지 않아도 되기 때문에 학생들은 오랫동안 생각한 후 답을 하였습니다. 또한 다른 친구의 질문과 답을 살펴보면서 같은 글을 읽고도 서로 다른 질문이나 생각을 할 수 있음을 알게 되었습니다.

- 친구의 질문에 성의 없이 답을 달 때 친구의 질문에 성의 있게 답을 달아 주는 것이 친구의 질문을 소중히 여기는 태도임을 학생들에게 강조하고, 질문에 대하여 조금 더 깊이 생각해 보고 답을 달 수 있도록 시간을 충분히 주는 것이 좋습니다.

- 아무 답도 달리지 않을 때 질문이 어려울 경우 학생들은 답을 하고 싶어도 하기 어렵습니다. 이럴 때는 교사가 답을 해 주는 것도 좋습니다. 학생들만이 아니라 교사도 질문하거나 답을 달아 주면 질문 게시판이 좀 더 활성화 되는 것을 볼 수 있습니다. 다양한 시각을 가질 수 있도록 교사가 의도적으로 다른 시각의 질문이나 답을 제시할 수도 있습니다. 질문이 모호하거나 분명하지 않게 써서 답을 하기 힘든 경우에는 질문한 학생에게 질문을 이해하기 쉽게 고쳐 써 달라고 말할 수 있습니다.

- 친구가 질문 게시판에 붙인 질문에 대하여 궁금한 점을 질문하여 답 대신 질문을 이어 갈 수도 있습니다.

- 단원을 학습하기 전에 선생님이 제시한 학습 주제 또는 핵심 질문을 보고 학생들이 질문을 만들어 질문 게시판에 붙입니다. 학생들은 단원을 학습하는 중, 또는 단원 학습이 끝난 후 질문 게시판에 붙여 놓은 질문에 답을 할 수 있습니다.

- 이야기를 읽기 전에 표지나 그림을 보고 질문을 만들거나, 읽는 도중 궁금한 점이 생기면 질문 게시판에 붙인 후 이야기를 읽고 답을 할 수 있습니다.

- 하루 또는 일주일 동안 우리 반 친구들이 붙인 질문을 살펴보고 책을 읽고 한 질문, 교과 내용에 관한 질문, 친구 관계에 관한 질문, 자신에 관한 질문 등 우리 반 친구들이 어떤 질문을 많이 했는지 확인해 볼 수 있습니다.

질문 딱지놀이

학생들은 사물이나 사건을 한 가지 측면에서만 보는 경향이 있습니다. 하지만 사물이나 사건을 여러 측면에서 들여다보면 대상에 대해 더욱 넓고 깊게 생각할 수 있습니다. '질문 딱지놀이'는 에드워드 드 보노(Edward de Bono, 1999)가 개발한 '육색 사고모자(Six Thinking Hats)'를 응용한 것으로, 각각 다른 색깔의 딱지를 따서 그 색깔에 해당하는 성격의 질문을 만들어 보는 놀이입니다. 딱지의 색깔별로 질문을 만들면서 하나의 문제를 다양한 관점에서 살펴보는 경험을 할 수 있습니다.

1 글을 읽고
함께 생각하기

• 기사나 이야기를 읽고, 글의 내용을 파악한다.

2 다양한
질문 유형
익히기

• 다양한 질문의 유형을 알아본다.

예 『강아지똥』을 읽고

[노란색] 책에서 바로 답을 찾을 수 있는 질문

: "강아지똥은 누구의 거름이 되었나?"

[빨간색] 감정과 느낌을 묻는 질문

: "흙덩이가 가고 난 후 강아지똥은 어떤 느낌이었을까?"

[검정색] 가치 판단을 요구하는 질문("~은 정당한 걸까?")

: "민들레의 거름이 되는 것이 꼭 좋은 걸까?"

[초록색] 대안을 찾을 수 있는 질문

: "강아지똥이 민들레의 거름이 되지 않고 행복해질 수 있는
방법은 무엇이 있을까?"

[파란색] 어떤 질문이든 만들 수 있음.

3 딱지 접기

• 모둠별로 딱지를 여섯 개 이상 접는다. 딱지가 많아야 놀이를 하기에
좋으므로 딱지를 충분히 접는다.

• 한 개의 딱지는 딱지를 뒤집는 용도이므로 색을 칠하지 않는다.

• 나머지 딱지의 하얀 면에 각각 노란색, 빨간색, 검정색, 초록색,
파란색을 칠한다.

• 색을 칠한 딱지는 색을 칠한 면이 아래로 가게 하여 교실 바닥에
펼쳐 둔다.

4 딱지놀이 하기
- 모둠별로 딱지치기를 할 수 있는 하얀색 딱지를 한 개씩 갖는다.

- 각 모둠에서 한 명씩 나가서 딱지를 치고, 넘어간 색깔 딱지를 모둠에 가져온다. 한 사람당 딱지를 세 번까지 칠 수 있다.
- 이미 모둠에서 가지고 있는 색깔의 딱지를 넘겼을 경우, 색깔이 보이지 않도록 그 자리에 뒤집어 둔다.
- 딱지를 세 번 친 후 모둠으로 돌아오고, 다른 사람이 나간다.
- 다섯 가지 색깔의 딱지를 모을 때까지 모둠원이 번갈아 가며 나가서 딱지를 친다.

5 딱지 색깔에 알맞은 질문 만들기
- 모둠 친구들과 의논하여 가져온 딱지 색에 맞는 질문을 만든다.

- 모든 색깔의 딱지를 모아서 딱지 색에 맞는 질문을 가장 먼저 만든 모둠이 이긴다.
- 만들어진 질문을 맞게 만들었는지 반 전체가 함께 검토한다.

6 같은 색의 질문을 모아 답을 생각하며 글쓰기
- 다른 모둠이 만든 질문을 보고 함께 답을 생각해 본다.
- 같은 색끼리 모아서 나온 답으로 다양한 독후 활동을 한다.
  - 예 [노란색 질문] 질문과 답을 모아 줄거리 쓰기
  - [빨간색 질문] 감정이 드러나게 인물 얼굴 그리기
  - [검정색 질문] '나도 판사'와 같이 판정하는 글쓰기
  - [초록색 질문] 이야기 바꿔쓰기나 주장하는 글쓰기

- 아무도 짝을 하지 않으려는 조수택과 짝이 된 주인공이 겪은 일을 그린 『보리방구 조수택』(김은실 글)을 읽고, 6학년 학생들은 국어 시간에 다음과 같은 질문을 만들었습니다.

> 노란색(책 속에서 답을 바로 찾을 수 있는 질문)
> "조수택이 주인공에게 준 것은?"
> "조수택은 어쩌다가 보리방구라는 별명을 가졌을까?"
>
> 빨간색(감정과 느낌을 묻는 질문)
> "주인공이 신문 뭉치를 난로에 버렸을 때 수택이의 느낌은?"
> "주인공에 대한 조수택의 마음은 어떻게 변했을까?"
>
> 검정색(가치 판단을 요구하는 질문)
> "주인공이 친구들 앞에서 신문을 버리는 것은 비난받아야 하는 행동인가?"
> "주인공이 싫어하는 걸 알면서도 계속 신문을 주는 것은 정당한 행동인가?"
>
> 초록색(대안을 찾을 수 있는 질문)
> "조수택과 친해질 수 있는 방법은 없을까?"
> "난로에 신문을 버리지 않고 문제를 해결할 수 있는 다른 방법은?"

- 학생들은 하나의 사건에 대해 여러 유형의 질문을 하면서 사건을 다양한 측면에서 살펴보았습니다. 또한 여러 가지 딱지 색깔에 맞는 질문을 만들면서 질문에는 다양한 유형이 있다는 것을 알게 되었습니다.

- **딱지 색깔에 맞게 질문 만드는 것을 어려워할 때** 학년에 따라서는 사실을 묻는 질문에서 대안을 요구하는 질문까지 여러 유형의 질문을 모두 만드는 것을 어려워할 수도 있습니다. 학년이나 학생의 수준에 맞게 질문 유형의 가짓수를 줄이거나 질문의 유형을 단순하게 바꾸어 활동할 수 있습니다.

■ **질문을 빨리 만들려고만 할 때** 질문을 빨리 만드는 것보다는 딱지 색깔에(질문의 성격에) 맞게 질문을 만드는 것에 집중할 수 있도록 놀이를 시작하기 전에 미리 주의를 주는 것이 좋습니다.

이렇게도 할 수 있어요

■ 딱지놀이 외에도 '색 막대 뽑기', '돌림판 돌리기' 등 다양한 방법으로 색깔을 고르고, 고른 색깔에 맞는 질문을 만들 수 있습니다.

■ 우유갑을 활용하여 딱지를 접으면 좀 더 단단한 딱지를 만들 수 있습니다. 우유갑으로 딱지를 만들려면 우선 200ml 우유갑의 윗부분을 4등분하여 자릅니다. 그리고 마주보는 두 면으로 딱지를 접고 뒤집은 다음, 남아있는 두 면으로 딱지를 접으면 양면딱지를 접을 수 있습니다. 딱지의 하얀 부분에 색을 칠하여 '질문 딱지놀이'를 하면 됩니다. 우유갑 딱지는 우유갑을 재활용하는 방법이기도 하고, 오래 보관이 가능하여 이후에도 사용할 수 있습니다.

학생들의 활동 소감

"질문만 만들었는데도 이야기를 많이 나눈 것 같다."
"질문을 만드는 것은 어려웠지만, 딱지놀이를 하니까 재미있었다."
"질문을 만드는 것은 조금 어려웠지만, 친구들과 의논하면서 하니까 재미있었다."
"놀이 같으면서 공부도 많이 된 것 같다. 질문을 다양하게 만들 수 있어서 좋았다."

▼ 물음표로 다르게 보아요

네 생각이 궁금해!

설문 조사는 문제를 해결하기 위해 다른 사람들의 의견이나 생각을 들어보고 분석하는 대표적인 조사 방법으로, 여러 교과에서 다루고 있습니다. 그러나 학생들이 설문지를 만들거나 이를 사용하는 방법에 대해 배울 기회는 많지 않습니다. '네 생각이 궁금해!'는 설문 조사를 어떻게 하는지 알아보고, 설문 조사를 통해 우리 주변의 문제를 직접 해결해 보는 활동입니다. 학생들은 이 활동을 하면서 설문지의 질문을 만드는 방법을 알고, 설문을 통하여 사람들의 생각을 파악할 수 있음을 이해하게 될 것입니다.

1 **설문 조사를 할 때**
주의할 점 알기

- 설문 조사가 왜 필요한지, 설문 조사의 목적이 무엇인지, 설문 조사는 누가 누구에게 하는 것인지, 설문지의 양식은 어떠한지 알아본다.

- 설문 조사를 할 때 주의할 점을 알아본다.
  - **예** 어떤 사람을 대상으로 할지 생각한다.

    결과 해석을 어떻게 할지 생각한다.

    질문의 척도를 어떻게 할지 생각한다.

2 **설문지의**
질문 만들기

- 누구에게, 무엇을, 왜 설문할 것인지 모둠별로 논의하여 결정한다.
  - **예** 설문 목적: 현장 체험학습 장소 결정

    설문 대상: 우리 학교 6학년 학부모와 학생

- 설문 대상, 주제, 목적에 맞는 질문을 만든다.

- 서로 겹치는 질문은 없는지, 하나의 질문이 두 개 이상으로 해석되는 것은 없는지 확인한다.

- 질문이 명확하게 이해되는지 점검하고, 어렵거나 모호한 경우에는 쉬운 말로 수정한다.

3 **질문 검토하고,**
설문하기

- 만든 질문이 제대로 되었는지 확인하기 위하여 다른 모둠의 친구들에게 설문을 해 보고, 수정해야 할 부분이 없는지 살핀다.

- 실제로 설문 조사를 실시한다.

4 **설문 조사 결과**
적용하기

- 설문 조사 결과를 보고 알게 된 사실을 정리한다.

- 설문 조사 결과를 어떻게 반영할지 생각해 보고 실천한다.

 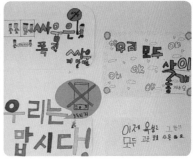

■ 학생 자치회에서 '학교 폭력 예방'을 위한 설문지를 만들었습니다. 그리고 6학년 학생들은 학교 폭력이 언제, 왜 일어나는지 알아보기 위해 4학년에서 6학년 학생 중에서 임의로 선택된 30명의 학생들을 대상으로 설문 조사를 실시하였습니다. 학생들이 만든 설문지의 질문은 다음과 같습니다.

---

1. 학교 폭력에 대해서 어떻게 생각합니까?
　① 매우 나쁘다 　② 나쁘다 　③ 그저 그렇다 　④ 좋다 　⑤ 매우 좋다

2. 학교 폭력을 당한 적이 있습니까?
　① 예 　② 아니오

2-1. '예'라고 답한 경우
　- 장소는 어디였습니까?
　- 시간은 언제였습니까?
　- 형태는 어떠했습니까?
　- 가해자는 누구였습니까?

3. 학교 폭력을 당하는 장면을 보거나 들은 적이 있습니까?
　① 예 　② 아니오

3-1. '예'라고 답한 경우
　- 장소는 어디였습니까?
　- 시간은 언제였습니까?
　- 형태는 어떠했습니까?
　- 피해자는 누구였습니까?
　- 가해자는 누구였습니까?

■ 설문에 응답한 학생들은 학교 폭력이 매우 나쁘다고 생각하였으며, 친구가 욕을 하거나 장난이라고 하면서 몸을 치고 때리는 것을 학교 폭력이라고 생각하였습니다. 설문 조사를 실시한 학생들은 설문에 응답한 내용을 분석하여 학교 폭력의 주요 원인이 친구의 몸에 손을 대는 것이라고 결론을 내렸습니다. 그래서 설문 조사를 실시한 학생들은 학년별로 돌아다니며 남의 몸에 손대지 말자는 'NO TOUCH' 캠페인을 하였습니다. 'NO TOUCH'라고 적힌 옷과 피켓을 만들어 캠페인을 실시하고 피켓은 복도에 게시하여 학생들이 지속적으로 볼 수 있도록 하였습니다.

이럴 때는 이렇게

■ **설문지를 만들기 어려워할 때** 처음 설문지를 만들 때는 질문을 만들기 어려워할 수 있습니다. 선생님이 예시 자료를 제시하여 설문지를 어떻게 작성해야 하는지 안내하면 학생들의 이해를 도울 수 있습니다. 한 번에 완벽한 설문지 질문을 만들기는 어려우므로 설문지 질문을 여러 번 검토하고 수정하도록 합니다.

■ **설문 조사를 할 것이 너무 많을 때** 일단 궁금한 것을 모두 적은 후, 모둠별로 나누어 설문 조사를 할 수 있습니다. 어떤 모둠은 문제의 원인에 관한 설문 조사를 하고, 다른 모둠은 해결 방안에 관한 설문 조사를 할 수도 있습니다. 설문 조사를 실시한 결과를 토대로 문제를 해결할 방안을 함께 찾아볼 수 있습니다.

이렇게도 할 수 있어요

■ 설문지의 각 질문에 대한 보기에 스티커를 붙이게 하여 사람들의 생각을 바로 확인할 수도 있습니다. 설문의 목적에 따라 면담을 통한 조사 등 다양한 방법을 활용할 수 있습니다.

◣ Part 5

물음표로 배워요

교실 기자단: 국어

　우리는 종종 사회적으로 논쟁이 되는 문제에 대해 충분한 검토 없이 결론을 내리거나 판단을 하는 경우가 있습니다. 어른들도 그럴 때가 있는 만큼 학생들이 여러 의견을 요목조목 따진 후에 합리적으로 판단하는 것은 더욱 쉽지 않습니다. '교실 기자단'은 사회적으로 이슈가 되는 문제에 대해 학생이 직접 기자가 되었다고 생각하고 질문을 만들어 보는 활동입니다. 질문을 만들 때에는 '질문 이어달리기' 놀이(▶96쪽)를 활용해 인터뷰 대상의 답변을 예상하면서 질문을 만듭니다. 학생들은 각각의 입장이 무엇인지 물어보고, 그 주장의 타당성이나 신뢰성에 대해 질문하는 활동을 통해 비판적 사고력을 기를 수 있습니다. 또 사회적인 이슈를 대하는 바람직한 태도를 형성할 수 있습니다.

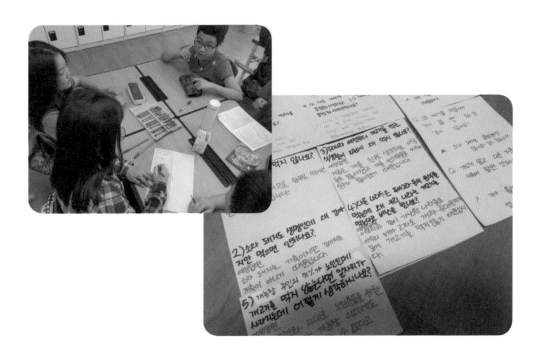

1 의견이 대립하는
사회문제
파악하기

- 갈등이 있거나 의견이 나뉘는 사회문제에 대한 글을 읽거나
동영상을 본다.

📌 개고기 식용에 대한 찬반 논쟁

2 각 입장과 근거
정리하기

- 어떤 의견이 대립하고 있는지 파악하고, 각 입장과 그 근거를
정리한다.

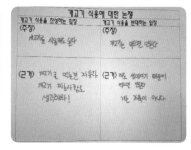

3 사회문제에 대해
떠오르는 질문
말하기

- 모둠에서 한 명이 주제에 관해 떠오르는 질문을 시작한다.

- 모둠의 다른 친구들은 질문을 듣고, 그 질문에 대한 자신의 생각을
돌아가며 이야기한다. 이어서 다른 학생이 질문을 하고 모둠
친구들이 그에 대한 답변을 돌아가며 말한다.

4 인터뷰 대상
정하기

- 모둠별로 주제에 찬성하는 입장을 인터뷰할지, 반대하는 입장을
인터뷰할지 결정한다. 만약 한쪽 입장을 인터뷰하려는 모둠이
많으면 뽑기를 통해 정한다.

| **5** 꼬리 물며 인터뷰 질문 만들기 | • 주제에 찬성하는 입장 혹은 반대하는 입장을 지닌 대상에게 묻는 인터뷰 질문을 만든다. 인터뷰 질문을 만들 때에는, 인터뷰 대상의 답변을 예상해 보고 질문을 어떻게 이어 나가면 좋을지 곰곰이 생각한다. |

• 모둠의 한 학생은 서기 역할을 맡아 A4 용지에 질문을 기록하고, 모둠별로 질문을 4개 이상 만든다.

6 인터뷰 활동하기

• 앞에서 만든 인터뷰 질문을 토대로 모둠별로 선생님께 인터뷰 질문을 한다. 선생님이 주제에 찬성하는 입장을 맡으면, 찬성 입장의 대상에게 묻는 인터뷰 질문을 만든 모둠이 선생님께 질문한다. 자유롭게 질문하되, 먼저 나온 질문은 중복해서 하지 않도록 주의한다.

• 선생님이 주제에 반대하는 입장을 맡으면, 반대 입장의 대상에게 묻는 인터뷰 질문을 만든 모둠이 선생님께 질문한다.

7 인터뷰 내용으로 기사문 쓰기

• 인터뷰 질문과 그에 대한 답변을 바탕으로 각 모둠별로 기사문을 쓴다.

 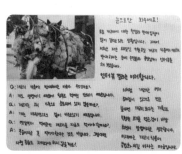

- '개고기 식용 논란'을 토대로, 6학년 국어 시간에 학생들과 인터뷰 질문 만들기 활동을 진행하였습니다. 다음은 학생들이 제시한 질문의 예입니다.

> 개고기 식용에 찬성하는 입장을 지닌 대상에게 한 질문
> "개고기가 정말 건강에 좋은가요?"
> "개를 어떻게 관리하나요? 위생상 깨끗한가요?"
> "개를 도축할 때 죄책감이 드는 경우는 없나요?"
> "옛날부터 개고기를 먹어 왔더라도 지금도 먹어야 하나요?"
> "개 말고 다른 음식도 많은데, 꼭 반려동물을 먹을 필요가 있나요?"
>
> 개고기 식용에 반대하는 입장을 지닌 대상에게 한 질문
> "소와 돼지도 생명인데, 왜 개만 먹으면 안 된다고 생각하시나요?"
> "다른 나라가 개고기를 불법화시켰다고 우리나라도 불법화해야 하나요?"
> "개 농장주가 60~70대 노령자가 많다고 하는데, 식용 반대를 하면 그 분들은 어떻게 하나요?"
> "개고기를 먹는 것은 개인의 자유인데, 식용 반대를 하면 그 사람들은 자유가 침해된다고 생각하시지 않나요?"

- 인터뷰 질문에 자신의 감정을 강하게 드러낼 때 인터뷰 질문을 만들다 보면, 감정적인 질문이나 자신의 입장에 따라 상대방의 기분을 상하게 하는 질문을 만들 때가 있습니다. 예를 들어, "징그럽게 개고기 식용에 왜 찬성하나요?", "개를 식용으로 기를 때 죄책감은 들지 않나요?" 등의 질문을 할 수 있습니다. 기자는 자신의 입장과 상관없이 최대한 중립적인 자세로 인터뷰해야 한다는 점을 지도해 주세요.

- 교사 대신 학생 중에 인터뷰 질문에 대답할 사람을 정하여 활동을 진행할 수 있습니다. 또는 모둠끼리 만든 인터뷰 질문을 가지고 주변의 인물이나 다른 반 친구 및 선생님을 직접 인터뷰하는 활동을 할 수도 있습니다.

- 문학 작품을 읽고 작품 속 등장인물을 인터뷰하는 질문 만들기 활동도 해 볼 수 있습니다.

학생들의 활동 소감

"기자가 되었다고 생각하고 질문을 만드니 재미있었다. 그런데 꼼꼼하게 질문을 만드는 게 어렵고 생각보다 질문할 거리가 많지 않았다."

"질문을 많이 만들 수 있을 거라 생각했는데 생각보다 질문 만들기가 어려웠다. 특히 상대방의 답변을 예측하면서 질문을 만드는 게 생각보다 쉽지 않았다."

"나는 개고기 식용에 찬성하는 입장인데, 개고기 식용에 반대하는 입장을 가진 사람한테 질문하다 보니 질문할 게 많았다. '먹을 걸 선택하는 건 개인의 자유 아닌가요?'라고 질문했더니 개고기 식용 반대 입장을 맡으신 선생님께서 '요즈음 반려동물을 기르는 사람이 많다 보니 공동체가 지녀야 할 책임의 가치도 있다.'고 얘기해 주셨다. 선생님의 답변을 듣고 난 후에도 '개를 키우지 않는 사람들의 선택의 자유를 침해하는 게 아닐까?' 라는 또 다른 질문이 생겼다."

우리는 도시공학자: 사회

사회과는 크게 일반사회, 지리, 역사 영역으로 구분됩니다. 그중 지리 영역은 우리가 살아가는 공간의 자연환경과 인문환경을 이해하고, 이를 토대로 우리 삶의 실제적인 문제들을 해결해 나가는 데 초점을 두고 있습니다. '우리는 도시공학자'는 사회과의 지리 영역에 초점을 둔 놀이로, 학생들은 다양한 질문을 만들면서 새로운 도시에 필요한 자연환경과 인문환경을 떠올려 보게 됩니다. 또 앞에서 제시한 '질문 나누기' 놀이(▶84쪽)를 활용해, 질문을 분류하고 질문들에 대한 답을 생각하며 도시를 만들어 보는 활동을 합니다. 이러한 경험을 통해 학생들은 실제 교과 수업에서 질문의 효용성을 느끼고 지리 학습에 더 친근감을 갖게 될 수 있습니다.

1 **우리가 만들 새로운 도시 상상하기**

- 미리 준비한 우리나라의 특정 지역 또는 가상의 지역이 제시된 백지도를 보고, 도시를 새롭게 개발하는 상황을 상상해 본다.

- 각자 어떤 도시를 만들고 싶은지 생각해 보고 만들고 싶은 도시의 특징이 드러나는 도시의 이름을 정한다. 그리고 같은 모둠 친구들에게 내가 만들고 싶은 도시를 소개한다.

  예 에너지를 절약하는 도시

  　　대중교통으로 어디든 갈 수 있는 도시

- 만들고 싶은 도시에 대한 모둠원의 소개를 모두 듣고, 어떤 도시가 좋을지 의논하여 우리 모둠이 만들 새로운 도시를 정한다.

2 **도시 환경에 필요한 요소 질문하기**

- 모둠이 만들고 싶은 새로운 도시를 만드는 데 필요한 질문을 각자 선생님이 주신 학습지에 세 개씩 적는다. 그리고 각자 적은 질문들을 모아 보고 모둠에서 중요하다고 생각하는 질문 네 개를 뽑는다.

- 모둠 내에서 뽑힌 질문 네 개를 붙임 종이에 쓴 후 칠판에 붙인다.

3 **질문 분류하기**

- 붙임 종이에 쓴 질문들을 선생님과 함께 분류한다.

  예 교통 시설, 수도, 산업 시설, 에너지, 주거 시설 등

4 유형별 질문
해결하기

- 각 유형에 적힌 질문들을 선생님과 함께 확인하고 각 모둠별로
하나의 유형을 맡아 질문에 대한 해결 방안을 의논한다.

- 모둠별로 자신의 모둠이 맡은 질문을 해결하고 그 결과를 앞에
나와서 발표한다.

5 상상한 도시를
만들고 발표하기

- 앞에서 발표한 질문에 대한 해결 방안을 토대로 하여 백지도에 우리
모둠이 상상하는 도시의 모습을 만든다. 도시를 만들 때에는 찰흙,
클레이, 유토, 수수깡, 색종이, 골판지, 우드락 등 다양한 재료를
활용하여 최대한 사실적으로 표현한다.

- 지도 위에 도시의 모습을 완성한 후 우리 모둠에서 의도한 도시의
모습을 반 친구들에게 설명한다.

■ 6학년 학생들과 함께 사회 시간에 모둠별로 도시를 새롭게 개발해 보는 활동을 하였습니다. 본 수업에서는 서울시를 새롭게 개발하는 상황을 설정하여 활동하였습니다.

■ 다음은 학생들이 만든 질문을 범주별로 분류한 것입니다.

주거 시설	– 주거 시설을 어떻게 만들까? – 아파트를 어디에 지으면 좋을까? – 빌딩(아파트)을 어떻게, 어디에 지을 것인가?
교통 시설	– 차가 다닐 수 있는 도로를 어떻게 만들까? – 고속도로를 어디에 놓으면 좋을까? – 사람이 다닐 수 있는 인도를 어떻게 만들까?
편의 시설	– 시설(편의, 교육, 상업 등)들은 어디에 세울 수 있을까? – 주민들을 위한 공원에는 어떤 것들이 필요할까? – 편의 시설을 어떻게 관리하도록 만들어야 할까? – 어떠한 편의 시설이 유용할까? – 의료 시설은 어디에 지으면 좋을까? – 빌딩(회사)을 어떻게, 어디에 지을 것인가?
자연보호	– 자연을 어떻게 개발해야 공생이 가능할까? – 자연과 도시(개발)의 비율을 어떻게 할 것인가? – 자연 물자를 어떻게 활용할 수 있을까? – 어떻게 개발을 해야 자연, 문화재 등을 보호할 수 있을까?
물의 이용	– 물을 어떤 식으로 이용할까?
행정구역 구분	– 서울시 안의 지역 이름을 어떻게 정하면 좋을까?

학생들이 만든 도시의 예

도시를 만들 때 중점을 둔 부분	만든 예
주거 시설과 편의 시설 중심 1. 주거 시설 주변에는 항상 교육 시설과 의료 시설을 만들었으며, 주거 단지가 크면(작으면) 교육 시설도 크게(작게) 건설하였다. 2. 한강을 건널 수 있는 다리를 제작하였다. 3. 사람들이 이용할 수 있는 공원을 크게 만들었다.	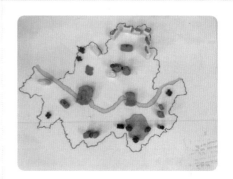
자연보호 중심 1. 서울시를 절반으로 나누어 한쪽은 개발하고 한쪽은 전혀 개발하지 않은 상태로 건설하여 자연보호에 중점을 두었다. 2. 자연 속에서 학생들이 뛰어놀고 공부보다는 생활과 관련된 경험을 하도록 교육 시설을 만들었다(예 한강에서 낚시하는 법).	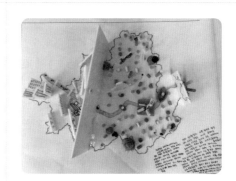
교통 시설 중심 1. 한강을 자유롭게 넘나드는 교통 시설인 지하철을 지상에 만들어 도시의 미관을 신경쓰도록 하였다. 2. 주거 시설인 아파트 주변에는 유치원, 학교 등의 교육 시설을 가까이에 건설하였다. 3. 한강에서 다양한 생물이 살도록 자연보호에도 중점을 두었다.	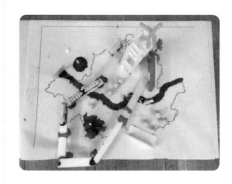

교통 시설, 자연보호 중심

1. 북한산, 공원 등 자연을 강조하여
   나타내었다.
2. 시내에서 빨리 이동하기 위하여 서울을
   가로지르는 고속도로를 건설하였다.
3. 강변을 따라 주거 시설을 만들었으며,
   미세먼지를 없애 줄 수 있는 대형
   공기청정기를 주거 시설 가운데에
   설치하였다.
4. 자연재해를 막기 위해 한강에 댐을
   건설하였다.

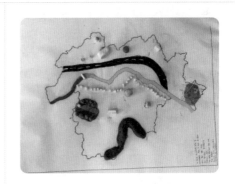

**주거 시설, 교통 시설, 편의 시설, 자연보호
등 여러 요소를 동시에 고려한 예**

1. 빨강, 파랑, 노랑 절연 테이프로 지하철
   노선도를 만들었으며, 터널에서
   지하철이 나오는 모습을 표현하였다.
2. 강 주변에 주거 시설이 밀집되도록
   건설하였다. 주거 시설 근처에는 회사,
   병원 등의 시설도 만들었다.
3. 자연을 표현하기 위해 유토로 산의
   모습을 나타냈으며, 자연보호에 대한
   경각심을 높이기 위해 무분별하게 산을
   깎아 큰 바위 덩어리만 남은 모습도
   표현하였다.

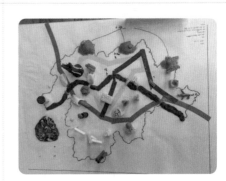

이럴 때는 이렇게

■ **학생들이 실제로 도시화가 힘든 계획을 세울 때** 이 놀이를 계획하고 실행할 때는
실현 가능성이라는 측면보다는, 하나의 도시가 만들어지기 위해 어떠한 점들
을 고려해야 하는지 그리고 그 문제를 어떻게 해결할 수 있는지를 초등학생 수
준에서 '질문으로' 생각하게 하는 데 초점을 두는 것이 좋습니다. 현실성이 떨
어지는 활동 결과라고 할지라도 학생들이 질문을 만들고 그에 대한 해결책을
찾았다는 점에서 긍정적으로 피드백해 주세요.

■ **질문에 대한 답(해결 방안)을 찾기 어려워할 때** 최근 도시에서 일어나고 있는 문제점을 중심으로 먼저 생각해 보도록 합니다. 예를 들어, 사회 시간에 배웠던 '도시에서 발생하고 있는 문제점'이나 '도시에서 살면서 느낀 문제점'에 착안하여 생각해 보도록 하면 학생들이 해결 방안을 더 쉽고 빠르게 찾을 수 있습니다.

■ **지형과 지역의 요소를 파악하기 어려워할 때** 우선 사회과부도를 활용하여 서울시의 지형에 대해서 살펴보는 시간을 가질 수 있습니다. 지도에서 지형을 읽는 법을 기억하여 등고선에 따라 지대가 높은 곳과 낮은 곳, 한강의 위치와 흐르는 방향, 크고 높은 산들의 위치 등을 파악할 수 있습니다.

■ **지도 위에 여러 요소를 표현하기 어려워할 때** 학생들이 여러 요소를 하나의 지도 위에 한꺼번에 표시하는 것을 어려워할 수 있습니다. 이럴 때는 어떤 모둠은 주거 시설과 편의 시설을 중심으로, 또 다른 모둠은 다른 요소를 중심으로 도시를 설계해 보도록 합니다.

이렇게도 할 수 있어요

■ 미술 수업과 연계하여 학생들이 해당 지역의 구조물을 (찰흙이나 색종이를 활용하여) 3차원 형태로 입체감 있게 제작해 보는 활동도 가능합니다.

■ 도시가 건설되기 위해서 필요한 것으로 물리적인 환경 외에 행정, 교육, 문화 등 눈에 보이지 않는 것들을 생각한 학생들도 있었습니다. 시간이 충분하다면 물리적으로 도시를 건설한 이후에 도시에 필요한 법, 교육 환경, 사회·문화적 규범, 행정 등에 대하여 토의하여 결과물을 만들어 볼 수 있습니다.

■ 학생들이 디지털 매체에 익숙하다면, 개인별 혹은 짝 활동으로 컴퓨터를 활용하여 도시를 건설하는 활동도 해 볼 수 있습니다.

질문으로 가치 깨기: 도덕

　도덕 수업에서는 다양한 가치를 다룹니다. 이때 중요한 것은 학생들이 주체적으로 그 가치에 대해 탐구하고 성찰하여 스스로 납득하고 내면화하는 과정을 거치도록 하는 것입니다. '질문으로 가치 깨기'는 앞서 소개했던 '질문 요술 램프' 놀이(▶131쪽)를 응용하여 도덕 수업에서 다룰 수 있는 가치 문제에 대해 스스로 질문을 제기하고, 만든 질문의 중요도를 평가하며, 질문에 대해 토의하는 놀이입니다. 이 놀이를 통해 학생들은 좀 더 적극적이고 비판적인 태도로 가치를 수용할 수 있게 됩니다.

1 가치 문제
선택하기

- 선생님이 제시한 가치를 함께 읽거나 도덕 수업에서 다루어진 가치 문제 중 하나를 학급 친구들과 함께 선정한다.

  예 사람은 항상 정직해야 한다.

  학급 규칙은 꼭 지켜야 한다.

2 주사위 문구로
질문 만들기

- 모둠별로 주사위 한 개를 준비하고, 주사위의 각 숫자에 해당하는 문구를 확인한다.

  예 [숫자 1] 왜 사람들은 ……?

  [숫자 2] 그런데 만약 ……?

  [숫자 3] 내가 ~한 입장이라면 ……?

  [숫자 4] 우리 주변에 ……?

  [숫자 5] 누가 ……?

  [숫자 6] 반대 입장에서 ……?

- 모둠에서 각자 한 번씩 주사위를 굴려 나온 번호를 확인한다. 번호에 해당되는 문구를 활용하여 앞에서 정한 가치 문제와 관련된 질문을 붙임 쪽지에 쓴다.

  예 "왜 학급 규칙을 꼭 지켜야 하는 걸까?"

  "그런데 만약 내가 아파서 1인 1역에 참여하지 못한다면 어떻게 될까?"

3 **질문 평가하기** • 질문을 쓴 붙임 쪽지를 각자 칠판에 붙인다.

• 선생님과 함께 어떤 질문이 좋은 질문인지 이야기를 나누고, 질문을 선택하는 기준을 정한다.

　　🔵 꼭 고민해 보아야 할 질문

　　　쉽게 답하기 어려운 질문

• 각자 스티커를 세 개씩 가지고, 가장 좋은 질문 세 개를 선택하여 스티커를 붙인다.

• 스티커를 붙일 때에는 그 질문이 왜 좋은 질문인지 이유도 생각한다.

4 **질문에 대한 서로의 생각 나누기** • 학급에서 가장 많은 표를 얻은 두 개의 질문에 대해 서로의 생각을 답해 보는 활동을 한다.

 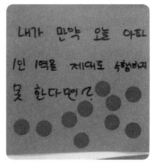

■ 6학년 학생들을 대상으로 도덕 시간에 이 활동을 진행하였습니다. 학생들은 '가치 문제 선택하기'에서 학급 규칙을 지키지 않아 생긴 문제에 대하여 생각해 보고, "학급 규칙을 꼭 지켜야 한다."를 탐구할 가치 문제로 선정했습니다.

■ 다음은 스티커를 가장 많이 받은 두 개의 질문입니다. 이 질문에 대해 반 전체 토의를 진행하였습니다.

> ('학급 단톡방을 만들지 않는다.'는 규칙에 대해) "만약 누가 단톡방을 만들어 나를 초대한다면?"
> ('1인 1역 매일 수행하기' 규칙에 대해) "내가 만약 오늘 아파 1인 1역을 수행하지 못한다면?"

■ 학생들이 주사위의 문구를 활용하여 질문을 만드는 데 어려움을 느낄 경우 교사가 직접 다른 가치 문제를 예로 들어 질문 만들기 시범을 보일 수 있습니다. 또한 주사위에서 나온 문구로 질문을 잘 만들지 못할 경우 학생들에게 주사위를 한 번 더 굴릴 수 있는 기회를 줄 수 있습니다. 다루려는 가치에 따라 주사위 문구를 수정하거나 추가하여 사용할 수도 있습니다. 주사위 문구로 사용하기 적절한 문구들을 학생들에게 추가적으로 제공하면 질문 만들기 활동을 더 수월하게 할 수 있습니다.

■ 학생들이 가치 문제를 선정하는 데 어려움을 느끼는 경우 '가치 문제 선택하기' 단계에서 여러 개의 가치를 제시하고 학생들에게 그중 하나를 고르게 합니다. 학생들에게 선택권을 제공함으로써 탐구에 대한 동기가 더 강화될 수 있습니다. 이때 가치 문제는 구체적으로 설정하는 것이 좋습니다.

■   주사위뿐만 아니라 돌림판이나 색 막대 등의 도구를 활용하여 활동을 진행할
    수 있습니다.

"친구들이 만든 질문을 보니까 내가 생각하지 못한 질문들이 많이 있었다."

"'만약 누가 단톡방을 만들어 나를 초대한다면?'에 대해서 함께 이야기를 나눈 것이
기억에 남을 것이다. 어려운 질문이라는 생각이 들었다."

"'1인 1역'과 관련된 질문을 만들다 보니 책임 있는 행동이란 무엇일지에 대해 되돌
아볼 수 있었다."

"예상하지 못한 일 때문에 규칙을 지키지 못할 수도 있다는 생각이 들었지만, 내가
지킬 수 있는 만큼은 최대한 규칙을 지킬 것이다."

질문에 질문 더하기: 수학

수학 시간에 학생들이 주어진 문제만 풀다 보면, 정답을 맞히는 데에만 연연하거나 문제 풀이 활동을 지루해하는 경우가 있습니다. '질문에 질문 더하기'는 질문을 바탕으로 수학 이야기 문제를 만들고, 만든 문제를 친구들과 서로 평가해 보는 활동입니다. 질문을 평가할 때에는 '가장 재미있는 질문은?' 놀이(▶ 147쪽)를 활용합니다. 수학 이야기 문제란 수학의 개념이나 원리를 일상적인 상황 속에서 구하도록 하는 문제입니다. 질문을 바탕으로 스스로 문제를 만들어 보는 활동을 하면서 수학을 즐겁게 학습할 수 있고, 수학에 대한 자신감을 기를 수 있습니다.

1 **이야기 문제 만나기**
- 선생님이 준비한 수학 이야기 문제를 다 함께 읽는다.

2 **조건을 바꾸어 문제를 만들고 해결하기**
- 수학 이야기 문제의 어떤 부분을 바꾸면 좋을지 생각해 보고 문제의 일부분을 바꾸어 새롭게 만든다.
- 짝에게 무엇을 바꾸었는지 서로 이야기하고, 각자 만든 문제를 바꾸어 풀어 본다.

3 **이야기 문제를 만들기 위한 질문 생각하기**
- 새로운 수학 이야기 문제를 만들기 위해 필요한 질문을 각자 질문 종이에 적어 학급 칠판에 붙인다.
  - 예 "어떤 내용으로 이야기를 만들까?"
    "무엇을 구하게 만들까?"
    "어떤 식을 사용하면 좋을까?"
    "문제를 좀 더 복잡하게 만들 수 있을까?"

4 **이야기 문제를 만들기 위한 질문 고르기**
- 칠판에 붙은 질문 중에서 친구들이 많이 쓴 질문 몇 가지를 선정한다.

5 **이야기 문제 만들기**
- 앞에서 고른 질문을 바탕으로 짝과 함께 이야기 문제를 만든다.
- 만든 문제를 직접 풀어 보고 짝과 함께 문제 풀이 과정에 어색한 부분이 없는지 확인한다. 또, 연산 과정이 복잡하거나 너무 단순하면 수정한다.

- 짝과 함께 만든 문제를 칠판에
  게시한다.

6 **좋은 문제의**
기준 세우기

- 좋은 문제의 기준을 생각해 보고 발표한다.

- 발표에서 나온 의견 중에서 우리 반 친구들이 생각하는 좋은 문제의
  기준 두세 가지를 선정한다.

  좋은 문제의 기준의 예 ① 재미있는 문제
  ② 이해하기 쉬운 문제
  ③ 풀기 어려운 문제

7 **문제를 평가하기**

- 반에서 정한 평가 기준을 바탕으로, 다른 친구들이 만든 문제를 풀어
  보고 가장 좋은 문제를 뽑는다.

 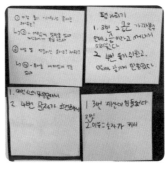

■ 이 활동을 4학년 2학기 수학 '1. 분수의 덧셈과 뺄셈' 단원에 적용하였습니다. 처음부터 이야기 문제를 바로 만들지 않고 문제의 일부분을 바꾸어 새롭게 문제를 만들어 보는 활동을 먼저 하였습니다. 그리고 나서 학생들에게 이야기 문제를 만들기 위한 질문을 생각해 보도록 하였습니다. 이렇게 단계적으로 활동을 함으로써 모든 학생들이 이야기 문제를 만들고 평가해 볼 수 있었습니다.

■ 다음은 학생들이 이야기 문제를 만드는 데 필요하다고 생각한 질문입니다.

> "어떤 상황으로 만들까?"
> "등장인물은 누가 나오게 할까?"
> "무엇을 구하는 문제로 만들까?"
> "어떤 식을 사용할까?"
> "분수의 덧셈과 뺄셈 중 무엇을 이용할까?"
> "받아내림이 있는 뺄셈을 사용할까 아니면 없는 뺄셈을 사용할까?"

■ 대부분의 학생들은 좋은 문제의 기준을 재미있는 것, 그리고 이해하기 쉬운 것으로 정했습니다. 가끔 어려운 문제가 좋은 문제라고 생각하는 학생도 있었습니다.

■ 다음은 학생들이 만든 이야기 문제의 일부입니다.

> ▶ OO이의 어머니께서 추석에 송편을 만들기 위해 깨를 $\frac{5}{10}$kg만큼 사 오셨습니다. 송편을 만드는 데에는 $\frac{3}{10}$kg의 깨를 사용했습니다. 남은 깨는 얼마인가요?

> ▶ 치킨을 만들기 위해서는 기름이 $1\frac{5}{6}$L가 필요합니다. 명성 치킨 집에는 현재 $\frac{2}{6}$L의 기름밖에 없습니다. 치킨을 만들려면 기름을 얼마만큼 사야 할까요?

■ 만든 문제나 풀이 과정에 오류가 있을 때 간혹 이야기 문제를 만드는 데에만 집중하여, 구하려는 식과 풀이 과정을 점검하는 것을 소홀히 할 때가 있습니다. 이런 경우를 대비하여 이야기 문제를 만들고 난 후에 꼭 짝과 서로 문제를 풀어 보고 풀이 과정에 이상이 없는지 확인할 수 있도록 합니다.

■ 새로운 수학 개념을 배운 후, 개념과 관련된 '질문 지도 만들기' 활동을 할 수 있습니다.

수학 개념 떠올리기	– 삼각형 단원에서 배운 내용을 떠올린다.
떠오르는 대로 질문 적기	– 삼각형과 관련해 더 알고 싶거나, 확인하고 싶은 내용을 질문으로 적는다. "삼각형은 누가 만들었을까?" "이등변 삼각형에 다른 이름을 붙인다면?" "삼각형의 종류에는 뭐가 있을까?"
질문 지도 만들기	– 배운 개념을 가운데에 크게 적고, 만든 질문을 붙인다. – 질문 중 하나를 골라 짝과 질문에 대한 생각을 이야기한다.

질문쟁이 과학자: 과학

질문은 탐구의 출발점입니다. 일상생활에서 불편함을 느꼈을 때 "어떻게 하면 더 편하게 생활할 수 있을까?"라는 질문을 하거나, 새롭게 발견한 현상을 두고 "이건 왜 이렇게 됐을까?", "이걸 실생활에 활용할 수는 없을까?"와 같은 질문을 하면 새로운 탐구가 시작됩니다. 이러한 탐구의 결과로 우리의 삶은 더 편리해지고 우리는 세상을 더 잘 이해하게 됩니다. '질문쟁이 과학자'는 놀이를 통해 학생들이 질문을 만들고, 그 질문에 답하는 과정을 체계적으로 세우게 하는 데 초점을 맞춘 활동입니다. 질문을 만들 때에는 '날아라, 질문!' 놀이(▶29쪽)를 활용합니다. 이 활동을 통해 학생들은 질문하는 힘을 기를 수 있을 뿐 아니라, 일상의 자연 현상에 더 많은 관심을 갖게 되고, 문제를 과학적으로 해결하려는 태도를 형성하게 됩니다.

1 과학적 탐구에 대한 사례 살펴보기	• 일상생활에서 만들어 낸 질문이 뛰어난 발명품이나 연구 업적으로 이어진 사례를 선생님과 함께 살펴본다. ⑩ '에디슨의 호기심', '세상을 바꾼 발명' 등의 검색어를 통해 인터넷에서 발명 일화 찾기
2 탐구할 질문 만들기	• 각자 일상생활에서 궁금했던 것이나 특정 소재에 관해 탐구하고 싶었던 것을 정한다. 그리고 이를 실험을 통해 해결할 수 있는 질문으로 만든다. ⑩ [정전기] 정전기가 잘 일어나는 옷감은 무엇일까?
3 모둠 질문 선정하기	• 만든 질문을 모둠 구성원들에게 소개하고 탐구 계획을 간략하게 설명한다. • 토의를 통하여 모둠원의 질문 중에서 가장 재미있고 탐구 계획이 잘 드러난 것 한 가지를 모둠이 탐구할 질문으로 선정한다.
4 우리 반이 탐구할 질문 평가하기	• 각 모둠별로 자기 모둠이 선정한 질문의 내용, 그러한 질문을 만든 이유, 탐구의 필요성을 학급 전체 학생들에게 설명한다. • 모둠별 설명이 끝난 뒤 학생들은 각자 반 전체에서 탐구하면 좋을 질문 하나를 골라 스티커를 붙인다. 가장 많은 스티커가 붙은 질문이 우리 반이 탐구할 질문으로 선정된다.

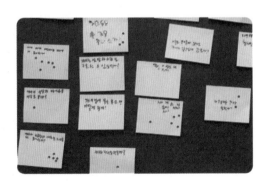

• 필요한 경우 탐구할 질문을 선생님과 함께 확인하고, 문구에서 수정할 부분이 있으면 수정한다.

5 **탐구 계획하기**
- 질문을 실험으로 해결하기 위해 어떤 준비를 해야 하고, 어떤 역할을 나누어 맡아야 하는지 등에 대해 질문을 하면서 탐구 활동을 계획한다.

  (예) "역할 분담은 어떻게 할까?"

  "실험 기간 및 장소는 어떻게 할까?"

  "필요한 준비물 및 실험 도구는 어떻게 준비할까?"

  "실험 중 같게 해야 할 조건과 다르게 해야 할 조건은 무엇일까?"

  "실험 과정과 결과를 어떻게 기록할까?"

6 **탐구 실행 및 결과 발표하기**
- 실험 공간, 준비물 등을 갖추어, 계획에 따라 탐구 활동을 실시한다.
- 탐구 결과를 발표하고, 예상했던 결과와 어떻게 다른지 비교해 본다.

◪ 과학 시간에 4학년 학생들을 대상으로 수업을 실시하였습니다. 일상생활에서 느끼는 불편함이나 순수한 궁금증에서 출발하여 획기적인 발명품으로 이어진 예시를 들려주고, 평소에 한 번쯤 궁금했던 질문들을 자유롭게 떠올려 보게 하였습니다.

◪ 학생들이 만든 질문의 예는 다음과 같습니다.

> "샤프심에는 전기가 통할까?"
> "정전기는 언제 많이 일어날까?"
> "개미는 사탕과 초콜릿 중 무엇을 더 좋아할까?"
> "실 전화기의 실은 얼마나 길게 늘어날 수 있을까?"
> "지우개 가루 뭉친 것을 끓이면 다시 지우개가 될까?"
> "정문에서 친구 이름을 부르면 학교 안에서 들리는 곳과 안 들리는 곳은 어디일까?"

◪ 학생들은 질문을 선정하는 과정에서 어떤 질문이 좋은 질문일지 생각하였고, 토의를 통해 좋은 질문의 기준 세 가지를 다음과 같이 정했습니다.

- 이미 알고 있지 않은 것
- 간단한 조사를 통해 쉽게 알 수 있는 것
- 실제로 실험할 수 있는 것

◪ 스티커를 나눠 주고 우리 반에서 함께 실험하고 싶은 질문 하나를 골라 투표하도록 하였습니다. 공동 1위를 한 질문 2개는 "지우개 가루 끓인 것을 뭉치면 지우개가 될까?", "개미는 사탕과 초콜릿 중 무엇을 더 좋아할까?"였습니다. 학생들은 해당 질문에 대한 실험을 함께 설계하였습니다.

조별 탐구 결과 보고서

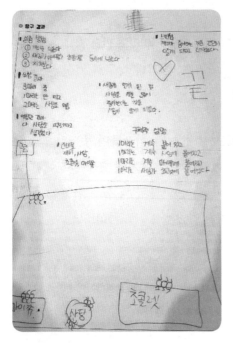

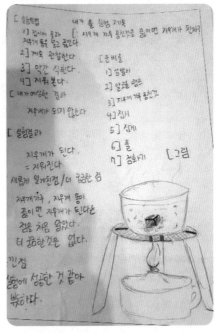

✶ 실험 방법 (개어)
① 개미를 놓고
② 그 앞에 사탕, 마이쮸, 초콜렛
③ 어느 것을 먹는지 본다

✶ 내가 같게 할 조건
① 음식의 크기
② 개미의 출발지점

✶ 내가 예상한 결과
사탕을 먹고 있을 것
같다

✶ 실험결과
- 개미들은 모든 것을 다 먹었지만
  사탕에 제일 많이 붙어 있었다

✶ 새롭게 알게 된 점 / 더 궁금한 점
- 개미는 단 것을 모두 좋아한다
- 개미가 싫어하는 음식

✶ 느낀 점
나는 개미가 많은 무게도 사람처럼 같다고 생각한다
개미도 사람처럼 좋아하는 것이 있다니_ . . .

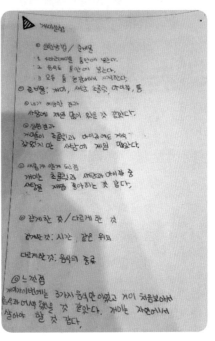

▣ **학생들이 바로 탐구 질문을 만들어 내지 못할 것이라고 판단될 때** 이 활동을 실시하기 전 미리 과제를 내주어 평소에 알고 싶거나 탐구하고 싶은 질문을 생각 공책에 적어 두도록 안내합니다.

▣ **학생들이 답하기에 너무 어려운 질문을 만들 때** 학생들이 주도적으로 탐구할 질문을 만들고 선정하도록 하되, 난이도가 너무 높거나 교실 환경에서 실제 실험으로 구현하기 어려운 질문을 할 때에는 학생들에게 실제 탐구할 수 있는 질문으로 범위를 좁히거나 구체적인 질문을 하도록 안내합니다.

▣ **모둠별로 질문의 편차가 심할 때** 어떤 모둠 안에서는 좋은 질문이 많고 어떤 모둠에는 좋은 질문이 별로 없다면 반 전체 학생의 질문을 칠판에 모두 붙이고 한 번에 투표를 할 수도 있습니다.

▣ **학생들이 질문을 잘 만들지 못할 때** 교사가 만든 질문을 예로 들어 주는 경우 학생들이 자유롭게 질문을 탐색하지 못하고 그 질문과 비슷한 내용의 질문만 여러 개 할 수도 있습니다. 학생들이 질문을 잘 만들지 못하더라도 시간을 충분히 주고 스스로 생각해 내도록 하는 것이 좋습니다.

▣ 교실에서 함께하는 실험 탐구에 제한하지 않고, 기간을 길게 잡고 개인 프로젝트 활동으로 계획하여 탐구 활동을 진행할 수 있습니다. 비슷한 관심사를 가진 학생들끼리 모여 조별 탐구 활동을 할 수도 있습니다.

▣ 교과 진도와 연계하여 심화 탐구 활동으로 진행할 수 있습니다. 한 단원의 학습을 끝낸 후 단원에서 배운 내용과 관련하여 더 실험해 보고 싶거나 알고 싶은 내용을 자유롭게 떠올리고 선정하여 탐구 활동을 합니다.

식습관 지킴이: 실과

건강한 식습관에 대해 알고 있더라도 이를 직접 실천하기란 쉽지 않습니다. '식습관 지킴이'는 식습관에 대해 배운 내용을 생활 속에서 실천하도록 이어 주는 징검다리 역할을 할 수 있습니다. 학생들은 질문을 통해 식습관 점검표를 만들어 보고, '마음을 만나요' 놀이(▶175쪽)와 '네 생각이 궁금해!' 놀이(▶214쪽)를 활용해 나의 식습관 및 우리 반의 식습관을 조사합니다. 이 활동은 식습관뿐만 아니라 미디어 이용 습관, 소비 습관, 자원 관리 습관과 같은 생활 습관을 점검하는 데에도 활용할 수 있습니다.

1 **짝 대화하기** • 내가 좋아하는 음식과 싫어하는 음식에 대해 짝과 이야기를 나눈다.

2 **말판을 이용해 질문 만들기** • 모둠별로 12개의 칸이 그려진 말판을 받는다. 말판 중 몇몇 칸은 식습관과 관련된 낱말이 적혀 있고, 나머지는 빈 칸으로 되어 있다.

• 말판의 빈 칸에 어떤 낱말이 들어가면 좋을지 생각해 보고 낱말을 채워 넣는다.

• 말판에 말을 튕기고, 말이 놓인 곳에 적힌 낱말을 활용해 식습관을 점검하는 질문을 만든다.

> **예** [언제] 언제 저녁 식사를 하나요?
>
> [인스턴트] 인스턴트 음식을 자주 먹나요?
>
> [얼마나] 아침 식사를 얼마나 하나요?

3 **질문의 중요도 정하기** • 모둠별로 만든 질문을 모아 보고, 개인마다 종이 동전(100원짜리 10개)을 준비한다.

• 각자 중요하다고 생각하는 질문에 종이 동전으로 값을 매긴다. 이때 하나의 질문에 대한 값이 500원을 넘지 않도록 한다. 또, 질문에 값을 매길 때에는 왜 그렇게 생각했는지 이유를 말한다.

• 높은 값을 받은 순으로 질문의 순서를 정한다.

4 **식습관 점검표 만들기**

- 중요하다고 정한 순서대로 질문을 나열하여 평소 식습관에 대해 묻는 점검표 문항을 만든다.

- 점검표 문항은 선다형이나 단답형 문항으로 만든다.

  예 영양소를 골고루 섭취하나요?
  ① 매우 그렇다 ② 그렇다 ③ 보통이다 ④ 아니다 ⑤ 전혀 아니다
  어떤 식품(군)을 싫어하나요?
  ① 곡류 ② 야채류 ③ 고기류 ④ 생선류 ⑤ 유제품류

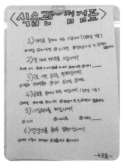

5 **우리 반 식습관 점검표 선정하기**

- 모둠별로 만든 식습관 점검표를 학급 게시판에 게시한다.

- 다른 모둠이 만든 식습관 점검표를 살펴보고, 가장 질문이 좋은 점검표에 각자 스티커를 붙인다.

- 가장 많은 스티커를 받은 모둠의 점검표 문항을 선생님과 함께 확인하고 고칠 부분이 있으면 수정하여 우리 반의 점검표로 정한다.

6 **생활 속에서 실천하기**

- 정해진 식습관 점검표를 활용해 나의 식습관을 일주일간 점검해 본다.

- 정해진 식습관 점검표를 활용해 반 전체를 대상으로 식습관 설문 조사를 실시할 수 있다.

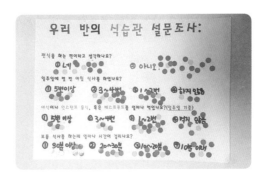

■ 6학년 실과 수업에 이 활동을 적용해 보았습니다. 학생들은 편식 습관과 관련해 '인스턴트 음식 섭취 횟수', '탄산음료 섭취 횟수'와 관련된 질문을 많이 하였고, '나트륨 권장 섭취', '하루 열량 섭취', '음식 먹는 속도' 등 다양한 식습관 점검 질문을 하였습니다. 다음은 학생들이 만든 질문입니다.

음식 섭취 횟수나 정도와 관련된 질문
"일주일에 몇 번 아침 식사를 하나요?"
"하루에 물을 얼마나 마십니까?"
"일주일에 탄산음료를 얼마나 마십니까?"
"나트륨이 많이 들어있는 식품을 얼마나 많이 먹습니까?"
"야식이나 인스턴트 음식 혹은 패스트푸드를 얼마나 먹나요?"

섭취하는 음식의 종류와 관련된 질문
"간식으로 주로 무엇을 드시나요?"
"밀가루 음식은 어떤 걸 먹나요?"

식사 시간과 관련된 질문
"저녁은 몇 시에 먹으며 주로 무엇을 먹나요?"
"점심식사를 하는 데 얼마나 시간이 걸리나요?"

그 외 질문
"편식을 하시는 편입니까?"
"하루에 몇 칼로리를 섭취하나요?"
"몸무게가 일주일에 얼마나 늘었다가 줄었다가 하나요?"
"음식을 짜게 드셔서 받은 부작용을 겪으신 적이 있으십니까?"

▨ 만든 질문을 선다형으로 만들기 어려워할 때 학교에서 학생들이 경험한 각종 설문지를 떠올리도록 합니다. 또는 교사가 설문지를 보여 주면서 설문지의 형식을 설명해 주어도 좋습니다. 또한 학생들이 만든 질문이 식습관을 점검하기 위한 질문으로 타당한지 질문의 내용도 충분히 검토하도록 합니다.

▨ 식습관 점검표를 만들고 난 후 학급 친구들을 대상으로 스티커를 활용해 간단하게 설문 조사를 실시할 수 있습니다. 이후 설문 조사의 응답을 표나 그래프로 나타내는 활동을 할 수도 있습니다.

▨ 질문을 통한 점검표 만들기 활동은 아래와 같은 주제에도 활용할 수 있습니다.
5학년 식생활, 가사 분담, 저작권 의식, 옷 관리
6학년 진로와 적성, 용돈과 시간 관리, 건강한 식생활, 분리수거 및 쓰레기 처리

게임의 재구성: 체육

어떠한 체육 경기든 나름의 규칙이 존재합니다. 체육 경기에서 규칙을 정확하게 이해하는 것은 경기를 관람할 때뿐만 아니라, 경기에 직접 참여하기 위해서도 꼭 필요합니다. '게임의 재구성'은 앞에서 제시한 '만약에' 놀이(▶110쪽)를 활용하여 게임의 일부 요소를 변형하는 질문을 만들고, 만든 질문으로 게임을 새롭게 바꾸어 보는 놀이입니다. 이 놀이를 통해 학생들은 특정 경기의 규칙을 더 정확하게 이해하고, 나아가 창의력을 신장하는 경험을 하게 됩니다.

1 경기 종목 정하기 • 모둠별로 체육 경기 중에서 비교적 규칙이 복잡한 종목을 하나 선정한다.

• 학급 전체 투표를 통해 규칙을 바꿀 종목을 하나 선정한다.

> **예** 피구(공 피하기 게임)
>
> 농구(공 이어 주기 게임)

2 경기의 규칙 파악하기 • 바꾸고자 하는 경기의 중요한 규칙에는 어떤 것이 있는지 선생님과 함께 확인한다.

• 해당 경기의 규칙을 잘 모르면 질문을 하고 규칙을 잘 아는 친구나 선생님이 답하는 시간을 갖는다. 규칙을 세세하게 아는 사람이 없을 경우 인터넷을 통해 규칙을 정확하게 파악한다.

3 만약에 질문하기 • 해당 경기에서 바꿀 수 있는 규칙을 상상해 보고, "만약에 ~하면 어떨까?"와 같은 질문을 만든다.

> **예** 피구 만약 땅볼로 맞은 공도 아웃으로 한다면 어떨까?
>
> 농구 만약 공을 굴려서 전달하는 걸로 바꾸면 어떨까?

4 규칙 바꾸기 • 질문을 통해 새로운 규칙을 제안하거나 기존의 규칙을 다른 것으로 바꾸어 본다.

> **예** 피구 땅볼로 맞은 공도 아웃으로 한다.
>
> 농구 공을 굴려서 전달하고, 공이 공중에 뜨면 다른 팀 공이 되는 것으로 한다.

• 바꾼 규칙에 문제점은 없는지 의논해 보고, 규칙을 새롭게 적용한다.

> **예** 피구 땅볼이지만 얼굴을 맞았을 경우에는 어떻게 할까?
>
> 농구 굴려서 전달하는 공을 다른 팀이 빼앗을 때에도 공이 꼭 바닥에 있어야 할까?

5 바뀐 규칙
적용하기

• 바뀐 경기 규칙을 적용하여 실제로 경기를 해 본다.

• 경기 후 느낀 점을 서로 이야기하고 더 바꿀 만한 규칙이 있는지,
다른 종목의 규칙을 바꿀 수 있는지 이야기한다.

■ 4학년 학생들을 대상으로 체육 시간에 농구를 변형한 게임인 '공 이어 주기 놀이' 경기에 이 활동을 적용해 보았습니다. '공 이어 주기 놀이'의 원래 규칙은 다음과 같다는 것을 질문을 통해 함께 확인했습니다.

'공 이어 주기 놀이'의 기본 규칙

- 공을 협력해 전달하다가 자기 팀 골대에 있는 학생에게 공을 던졌을 때, 골대에 있는 학생이 그 공을 잡으면 1점을 득점함.
- 골대는 홀라후프 안에만 있음.
- 공을 전달할 때에는 움직이지 않고 자기 자리에서 다른 사람에게 공을 던져 이어 주어야 함.

■ 이전 시간에 이 놀이를 했을 때 발생했던 상황을 참고하여, '만약에' 이런 상황이면 어떻게 하는 것이 좋을지 질문하는 활동을 하였습니다. 다음은 학생들이 만든 '만약에' 질문과 새로운 규칙입니다. 학생들은 이 질문에 함께 답하면서 새로운 규칙을 만들거나 기존 규칙을 변형하였습니다.

'만약에' 질문	새로운 규칙
만약에 공을 던지지 않고 손에서 손으로 이어 주는 도중에 상대편이 공을 뺏으려고 공을 잡아서 세 명이 동시에 공을 잡은 경우에는 어떻게 하나요?	공을 이어 줄 때는 손에서 손으로 바로 이어 주지 않고 허공에 뜨게 던져서 이어 주기
만약에 골대를 맡은 사람이 그만하고 싶은데, 다른 사람이 골대를 맡고 싶어 하지 않으면 어떻게 하나요?	골을 넣은 사람이 다음 슛을 받을 때까지 골대 역할을 하여 돌아가며 골대 역할 맡기
만약에 공을 이어 주는 도중에 실수로 그 공에 사람이 맞으면 어떻게 하나요?	공으로 사람을 맞히면 상대편에게 공을 주기

■ **경기 종목을 선택하기 어려워할 때** 어떤 종목이라도 학생들에게 친숙하거나 학생들이 비교적 잘 아는 경기 종목을 선택하는 것이 좋습니다. 경기 규칙이 너무 어렵거나 아직 경기에 필요한 기능을 익히지 못한 경우, 기존의 경기를 변형한 게임을 활용하여 선정하도록 합니다.

■ **'만약에' 질문 만들기에 어려움을 느낄 때** 지난 경기에서 친구들 사이에 다툼이 생긴 상황이 있었는지 이야기를 나누어 보게 하면, 어떤 규칙을 고치면 좋을지 잘 생각해 내고 '만약에' 질문 만들기에 더 쉽게 접근합니다. 또한 학생들이 지나치게 장난스럽게 질문할 경우 그 질문이 규칙을 만들거나 경기를 진행하는 데 도움이 되는지 생각해 보도록 지도합니다.

■ 기존 종목의 규칙을 아예 새롭게 바꾸어 우리 반만의 놀이를 만들어 볼 수 있습니다.

■ 체육 경기 종목의 규칙뿐만 아니라, 다른 과목의 활동이나 학급에서 실시하는 모든 활동의 규칙에 '게임의 재구성' 놀이를 적용할 수 있습니다. 학생들이 '만약에' 질문을 만들고 규칙을 변형하는 과정에서 활동의 규칙을 잘 익히게 됩니다.

이 순간의 음악 찾기: 음악

학생들은 평소에 음악을 많이 듣지만, 음악을 자신의 의도나 목적을 이루기 위하여 적극적으로 활용하지는 못합니다. '이 순간의 음악 찾기'는 앞에서 배운 '질문 디딤돌' 놀이(▶100쪽)를 활용해 돌림판으로 질문을 만들면서 영화 장면에 어울리는 음악을 생각해 보고, 직접 찾아보는 활동입니다. 학생들은 질문을 통해 영화와 음악을 깊이 이해하고 연결하는 경험을 할 수 있으며, 음악을 적극적으로 감상하면서 음악과 더욱 친숙해질 수 있습니다.

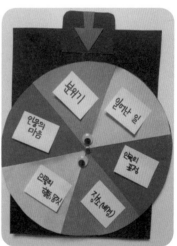

1 영화 속 한 장면 보기

- 소리가 제거된 영화 속 한 장면을 본다.

  예 어린 사자를 향해 물소 떼가 달려오는 장면

  왕국의 동물들이 모여 떠오르는 태양을 바라보는 장면

  사자들이 결투를 하는 장면

2 영화 장면을 보고 떠오르는 질문 만들기

- 모둠별로 돌림판과 클립, 연필을 준비한다.

- 돌림판의 빈 칸에는 영화와 관련되거나 영화를 보고 떠올릴 수 있는 단어를 적는다.

  예 인물(주인공), 배경, 사건, 분위기 등

- 돌림판의 중심에 연필과 클립을 꽂고 모둠원끼리 돌아가면서 클립을 돌린다. 클립이 멈춘 칸에 있는 낱말과 관련된 질문을 만들고, 이 질문을 붙임 종이에 쓴다. 같은 칸이 두 번 넘게 나올 경우에는 다시 돌린다.

  예 [분위기] "영화 속 분위기는 어떠한가?"

  [주인공] "소들에게 쫓기는 주인공의 마음은 어떨까?"

- 붙임 종이의 질문들을 살펴보고, 중복되는 질문이 적힌 붙임 종이들은 겹쳐 붙인다. 모둠원끼리 돌아가면서 붙임 종이에 적힌 질문에 대해 답을 한다.

3 영화 장면에 어울리는 음악을 찾을 때 필요한 질문 만들기

- 영화 장면에 어울리는 음악을 찾을 때 생각할 점을 모둠 친구들과 질문으로 만든다.

  예 "어떤 분위기의 음악이면 좋을까?"

  "어떤 장르의 음악이 어울릴까?"

  "음악의 빠르기는 어느 정도이면 좋을까?"

- 모둠 친구들과 이야기를 나누며 질문에 대한 답을 함께 찾는다.

4 음악 찾기

- 앞에서 만든 질문과 답을 바탕으로, 영화 장면에 어울리는 음악을 인터넷을 활용하여 모둠끼리 찾는다. 음악에는 노래, 음향 효과 및 소리 등이 포함될 수 있다.

- 음악의 제목과 음악에 대해 소개하는 내용도 준비한다.

5 음악 발표하기

- 영화 장면에 어울리는 음악을 음이 소거된 영화 장면에 맞게 틀어 반 친구들에게 발표한다. 발표할 때에는 왜 이 음악을 선택하였는지 그 이유를 함께 말한다.

- 발표를 들은 친구들은 음악을 듣고 난 후 떠오르는 질문을 하고, 발표한 모둠은 그에 대한 답을 한다.

■ 어린 사자의 성장과 모험을 담은 애니메이션을 활용하여 6학년 음악 시간에 '이 순간의 음악 찾기' 활동을 하였습니다. 절벽에 선 어린 사자를 향해 물소 떼가 달려오는 장면을 보고 학생들은 다음과 같은 질문을 만들었습니다.

	영화 속 장면을 보고 만든 질문	음악과 관련한 질문
인물의 마음	– 달려오는 물소를 보고 어떤 마음이 들었을까? – 물소들은 무슨 생각으로 달려갈까?	– 주인공의 마음을 표현하는 음악으로 어떤 게 좋을까?
말과 표정	– 주인공이 지금 하고 싶은 말은 뭘까? – 물소 떼를 보고 주인공은 어떤 표정을 지을까?	– 주인공의 표정이 크게 나올 때 음악이 없으면 어떨까?
분위기	– 이 장면의 분위기는 어떤가?	– 긴박한 분위기를 표현하려면 어떤 음악 장르가 어울릴까? – 분위기에 맞게 하려면 음악 빠르기는 어느 정도이면 좋을까?

■ **영화 장면과 관련해 무엇을 질문해야 할지 모를 때** 학생들은 영화 장면과 관련하여 돌림판에 어떤 낱말을 넣으면 좋을지 떠올리는 것을 어려워할 수 있습니다. 영화도 일종의 이야기이므로 국어 시간에 배운 이야기를 구성하는 요소(인물, 사건, 배경)를 생각하며 돌림판에 들어갈 낱말을 생각해 보게 합니다. 학생들은 인물의 표정, 대사(말), 행동 등 세부적인 사항에 대해 질문할 수 있습니다.

■ **음악에 관한 질문을 어떻게 해야 할지 모를 때** 학생들에게 음악의 요소나 음악의 종류를 생각해 보도록 합니다. 예를 들어, 리듬이나 빠르기는 어느 정도가 좋을지, 장면의 분위기에 어울리는 멜로디의 흐름은 어떤 게 좋을지 생각해 보게 합니다.

■ 원래 영화 음악을 그대로 쓰려고 할 때 어떤 학생들은 장면에 어울리는 음악을 찾지 않고 원래 영화 음악을 그대로 사용하려고 합니다. 그럴 때에는 직접 영화 음악 편집자가 되었다고 가정하고 새로운 음악을 찾아보는 것이 이 활동의 목적이라는 것을 확인해 주세요. 또는 왜 그 음악을 바꾸지 않고 사용하고 싶은지 영화의 장면과 관련지어 이유를 생각하게 하는 것도 좋습니다.

이렇게도 할 수 있어요

■ 모둠별로 영화의 다른 장면을 제시해 활동할 수 있습니다.

■ 영화 대신에 책의 한 장면이나 미술 작품에 어울리는 음악을 찾아보게 하여 교과 통합형으로 활동을 진행할 수 있습니다.

■ 음악을 찾고 난 후, 글과 그림으로 해당 음악을 소개하는 활동을 할 수도 있습니다.

학생들의 활동 소감

"짧은 영화 장면이었지만 돌림판을 활용해 질문을 만드니 질문을 많이 만들 수 있었다."

"어울리는 음악을 바로 찾으려고 하면 어떻게 할지 잘 몰랐을 것 같다. 그런데 질문을 생각해 보고 나니 찾으려는 음악에 대한 검색어를 생각하기가 쉬웠다."

"영화에 음악을 직접 찾아 넣어 보니 재미있었고, 다른 영화도 해 보고 싶다."

"좋아하는 가수들의 음악만 주로 들었는데, 다양한 음악들을 찾아볼 기회가 되어서 좋았다."

"영화 속에 음악이 중요한 걸 알게 되었다. 음을 소거하고 볼 때와 음악과 같이 볼 때 느낌이 다르다."

그림 속 물음표: 미술

미술 감상 시간에 학생들이 감상 활동을 지루해하거나, 작품을 꼼꼼하게 감상하지 않을 때가 있습니다. 학생들이 작품을 즐겁게 감상하면서 세밀하고 다양한 관점으로 보게 하려면 어떻게 지도해야 할까요? 질문을 하면서 작품을 감상하게 하면 학생들의 적극적인 참여를 끌어낼 수 있습니다. '그림 속 물음표'는 앞에서 배운 '마음을 만나요' 놀이(▶175쪽)를 활용한 놀이입니다. 학생들은 말판에 적힌 주제어를 통해 그림에 대해 질문하고 답하는 활동을 하면서 다양한 관점에서 작품을 즐겁고 깊이 있게 감상할 수 있습니다.

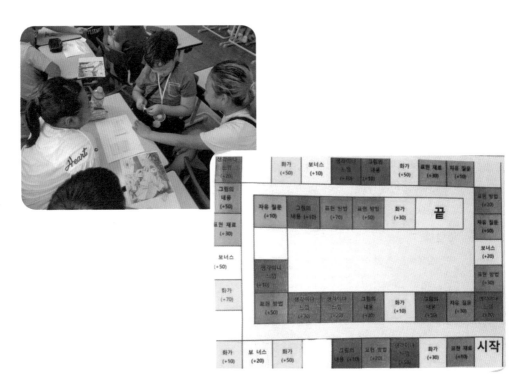

1 **감상할 그림 고르기**

- 화가에 대한 일화나 그림의 특징에 대한 선생님의 설명을 들으면서, 여러 그림을 살펴본다.

- 친구들과 논의하여 이번 시간에 함께 감상하고 싶은 그림을 선정한다.

2 **말판과 주사위로 질문 놀이하기**

- 모둠별로 말판과 주사위를 준비한다. 말판의 각 칸에는 '표현 재료', '화가', '생각이나 느낌', '표현 방법', '그림의 내용', '자유 질문' 등의 주제어가 제시되어 있다.

- 주사위를 던져서 나온 숫자만큼 말을 이동한 후, 이동한 칸에 적힌 주제어와 관련 있는 질문을 만들면 해당 칸에 적힌 점수를 얻는다.

  예 [화가] "화가가 직접 겪은 일일까?"

  [표현 재료] "어떤 재료를 주로 썼나?"

  [자유 질문] "만약 흑백으로 칠했다면 느낌이 어떨까?"

- 보너스 칸이 나오면 질문을 만들지 않아도 해당 칸의 점수를 얻을 수 있고, 빈 칸이 나오면 질문을 만들지 않고 다음 친구의 순서로 넘어간다.

- 질문을 만들지 못하거나 앞의 모둠 친구와 같은 질문을 할 때에는 점수를 얻을 수 없다.

3 **질문 왕 뽑기** · 놀이가 끝난 후, 각 모둠에서 가장 높은 점수를 받은 학생을 '질문
왕'으로 뽑아 칭찬한다.

4 **인상적인 질문을** · 모둠 친구들이 한 질문 중에서 가장 인상적인 질문을 뽑는다. 그리고
　　　그림 이야기로　　그 질문에 대한 나의 생각을 그림일기, 그림 이야기, 만화 등으로
　　　표현하기　　　　표현한다.

■ 4학년 미술 수업에서 샤갈의 〈에펠탑의 신랑 신부〉를 감상하면서 이 활동을 적용하였습니다. 학생들은 이 그림에 대해 말판의 주제어를 활용하여 다음과 같은 질문을 하였습니다.

마르크 샤갈,
〈에펠탑의 신랑 신부〉

생각이나 느낌을 묻는 질문
"이 그림을 보면 어떤 느낌이 드니?"
"이 그림 속 주인공이 된다면 기분이 어떨까?"
"이 그림을 보면 왜 즐거운 느낌이 들까?"

그림의 내용에 대한 질문
"이 그림은 꿈을 표현한 걸까?"
"두 사람은 어디를 가는 걸까?"
"왜 태양 옆에 사람이 날아다닐까?"

화가와 관련된 질문
"그림을 그린 사람은 어느 시대의 사람일까?"
"작가가 경험한 걸까?"

표현 재료나 방법과 관련된 질문
"무엇으로 그린 걸까?"
"왜 동물을 사람처럼 표현했을까?"
"배경 색깔을 다른 색으로 바꾸면 어떨까?"

■ 그림의 표현 방법이나 화가, 그림의 느낌에 대한 주제어를 제시하고 질문 만들기 활동을 하니 학생들이 더욱 다양하게 질문을 할 수 있었습니다. 또한 인상적인 질문과 그에 대한 자신의 생각을 그림 이야기로 표현하면서 감상과 표현 활동을 연계할 수 있었습니다.

■ **해당 주제어와 관련된 질문을 만들기 어려워하는 경우** 친구나 선생님 찬스를 쓸 수 있도록 합니다. 찬스를 사용할 때에는 친구나 선생님이 질문을 어떻게 만드는지 잘 살펴보도록 지도합니다.

■ **다른 친구의 질문을 그대로 쓰는 학생이 있는 경우** 다른 친구가 만든 질문을 베끼려 하는 경우가 있습니다. 앞의 친구가 한 질문과 똑같은 질문을 할 경우에는 해당 칸의 점수를 얻지 못한다는 규칙을 정하고 지키도록 약속합니다. 습관적으로 질문을 베끼려는 학생에게는 질문을 베끼는 것은 다른 사람의 생각을 함부로 가져가는 것과 같다고 지도해 주세요.

■ 작품을 보고 떠오르는 질문을 ㄱ, ㄴ, ㄷ 등의 자음으로 시작하는 문장으로 만들어 보게 할 수 있습니다.

작품을 보고 질문 만들기

ㄱ —— 그림에서 인상적인 것은?

ㄴ —— 내가 저 사람이라면 어떤 기분이 들까?

ㄷ —— 다른 제목을 붙여 본다면?

ㄹ —— 슬픈 노래, 즐거운 노래 중 이 그림에 어울리는 노래는 무엇일까?

ㅁ —— 만약 그림 속 새가 움직이지 않으면 어떨까?

ㅂ —— 밤에 일어난 일일까, 낮에 일어난 일일까?

ㅅ —— 소가 날고 있는 이유는 무엇일까?

ㅇ —— 이 그림의 배경은 어디인가요?

ㅈ —— 지금 이 그림 속에 내가 들어간다면 무엇을 할까?

⋮

질문 열 고개: 영어

영어로 의사소통하는 능력을 기르기 위해서는 자발적인 참여와 반복적인 연습이 중요합니다. 특히, 질문을 하는 것은 자발적인 언어 활동이지만, 질문을 만드는 데 익숙하지 않은 학생들도 있습니다. '질문 열 고개'는 앞서 소개한 '예/아니요' 놀이(▶34쪽)와 '질문 고개 넘기' 놀이(▶53쪽)를 활용한 것으로, 학생들은 재미있는 놀이에 참여하면서 다양한 형태의 질문을 영어로 만들어 보는 경험을 할 수 있습니다. 또한 반복해서 연습하는 과정에서 영어로 의사소통하는 능력을 기를 수 있습니다.

1 **역할 정하기** • 네 명으로 구성된 모둠에서 세 명은 질문을 하는 역할을, 한 명은 대답하는 역할을 맡도록 한다. 짝 활동으로 할 경우, 한 명은 질문하고 한 명이 대답하도록 한다.

2 **단어나 표현 적기** • 대답하는 학생은 자신이 생각한 영어 단어를 종이에 적어 자신만 볼 수 있도록 들고 있거나, 교탁 위에 내려놓는다.

3 **질문 주사위 던지기** • 영어 표현이 적힌 주사위를 준비한다. 주사위의 각 면에는 'Can you ~ ?', 'Is It ~ ?', 'Does it ~ ?'이라는 표현과 'Chance'가 세 면에 적혀 있다.

• 질문하는 역할을 맡은 학생들이 주사위를 던진다.

4 **질문 주고받기**
- 주사위를 던진 학생이 주사위에 나온 표현을 활용해 답변하는 친구에게 질문을 한다.

   예 [Can you ~ ?] "Can you see it in the school?"

   [Is it ~ ?] "Is it an animal?"

- 대답하는 학생은 질문에 대해 'yes' 또는 'no'로만 답한다.

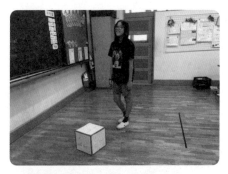

5 **질문 열 고개**
- 질문할 수 있는 기회는 총 열 번이다. 질문을 한 학생이 열 번 내에 정답을 맞히면 질문하는 학생이 이기고, 정답을 맞히지 못하면 대답하는 학생이 이긴다.

- 역할을 바꾸어 놀이를 진행한다.

■ 영어 시간에 6학년 학생들을 대상으로 이 활동을 적용해 보았습니다. 답하는 학생들은 'desk', 'elephant'와 같은 단어를 적었고, 이에 대해 질문하는 학생들은 주사위를 던져 나온 시작어를 가지고 다음과 같은 질문을 만들었습니다.

> "Is it big?"
>
> "Is it in here?"
>
> "Does it move?"
>
> "Does it have four legs?"
>
> "Does it start with an 'A'?"
>
> "Does it move?"
>
> "Can you make it?"
>
> "Who use it?"
>
> "Where can we see it?"

■ 선택한 단어가 너무 어려울 때 너무 어려운 단어를 적으면 질문하는 학생이 열 고개 동안 맞히기 어려울 수 있습니다. 이 경우 필요에 따라 동물, 장소, 기분, 직업 등 선택할 수 있는 단어나 표현의 범주를 한정하여 놀이가 좀 더 쉽게 진행될 수 있도록 안내합니다.

■ 학생들이 영어로 질문을 만들기 어려워할 때 영어로 질문을 만드는 데 능숙하지 않은 학생의 경우 교사가 영어 질문의 시범을 보여 주면서 영어로 표현하는 것을 도와줍니다. 또한 질문을 만드는 것을 다른 친구들이 도와주도록 허용합니다.

■ 답을 직접적으로 물어보는 질문을 할 때 'Chance'가 나오거나 'What?'에 해당하는 질문을 할 때 'What is it?', 'What's the answer?'과 같이 답을 직접 물어보는 질문은 하지 않게 제한하는 것이 필요합니다.

■ 활동을 2차시로 늘려 1차시 때에는 질문을 만드는 연습을 충분히 하고, 2차시에 본 활동을 진행하면 학생들이 더 적극적으로 참여할 수 있습니다.

■ 학생들이 직접 주사위를 만들어 보는 것도 좋습니다. 다양한 의문형의 표현을 학습한 후 짝과 함께 주사위를 만들고, 짝 활동으로 진행할 수도 있습니다.

■ 메모